NOTICE BIOGRAPHIQUE

SUR M. L'ABBÉ MARIE-JACQUES-MAXIME

DE SAINT-EXUPÉRY

Vicaire général de Périgueux.

NOTICE BIOGRAPHIQUE

SUR M. L'ABBÉ MARIE-JACQUES-MAXIME

DE SAINT-EXUPÉRY

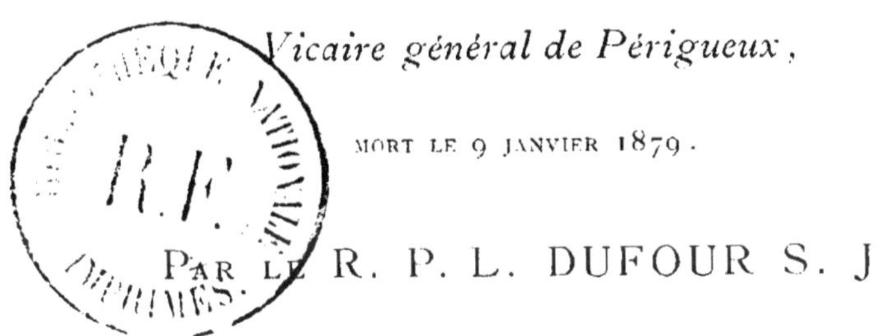

Vicaire général de Périgueux,

MORT LE 9 JANVIER 1879.

PAR LE R. P. L. DUFOUR S. J.

RECTEUR DU GRAND SÉMINAIRE DE PÉRIGUEUX.

PÉRIGUEUX,

CASSARD FRÈRES, IMPRIMEURS-LIBRAIRES

De Mgr l'Évêque et du Clergé.

1879.

A. M. D. G.

AVANT-PROPOS.

Cette notice est avant tout un acte de reconnaissance envers le digne prêtre dont elle va retracer la vie. On sait combien l'abbé de Saint-Exupéry aimait la Compagnie de Jésus dont il avait été l'élève. Il m'a semblé, il a semblé à des hommes dont j'apprécie les conseils, que je devais rendre, au nom de mes frères, cet hommage à sa mémoire. Il agréera, j'en ai la confiance, l'intention de ce livre, et il le bénira du haut du ciel.

J'ai voulu aussi, en l'écrivant, consoler sa famille en deuil, surtout ses frères bien-aimés,

I

Le Périgord, qui est si riche en grandes familles, n'en compte guère de plus anciennes que celle de Saint-Exupéry. On trouve déjà sa trace certaine dans des titres originaux du XIe siècle. Cependant ce n'est que vers l'an 1400 que sa filiation est établie d'une manière continue et régulière dans les tables généalogiques.

En les suivant pas à pas jusqu'à nos jours, nous avons pu constater, aux alliances que cette famille a contractées dans la suite des temps, qu'elle n'est pas moins distinguée par sa noblesse que par son ancienneté. Outre l'honneur qu'elle a eu de s'unir, en 1591, à la maison royale de Bourbon, honneur qui suffirait pour l'illustrer, elle a mêlé à son sang celui des plus nobles familles, telles que celles de Noailles, de Foucauld, d'Estaing, de Marquessac, d'Etampes, de Comarque, de Vassal, de Montalembert, de Gontaut, de Gironde, de Laval. Et, dans les derniers temps, le mariage de Jacques de Saint-Exupéry, qui devait être le père de notre abbé, avec Mlle Marie-Albertine-Pauline de Grenet de Blérancourt l'a fait entrer en alliance avec la célèbre maison de Béthune et avec celle de Montmorency-Robec.

Mais ce genre d'illustration s'efface devant celle que donnent à une famille les gloires personnelles de ses membres, et des traditions non interrompues de foi et d'honneur, de bravoure et de piété. La famille de Saint-Exupéry peut être fière à cet endroit. Dans sa généalogie sans tache, on compte beaucoup de braves guerriers qui ont donné leur sang pour leurs rois sur les champs de bataille, même une héroïne qui, au rapport de Mézerai, a beaucoup servi Henri IV, en donnant, par sa présence dans les combats, courage à ses troupes, et presque toujours la victoire ; plusieurs chevaliers de Malte, dont le dernier, fait prisonnier avec ses compagnons d'armes par le général Bonaparte, périt sur le vaisseau amiral l'*Orient*, lorsque ce bâtiment sauta, à la bataille d'Aboukir ; des ecclésiastiques qui ont laissé un nom, comme Arnaud de Saint-Exupéry, archidiacre de l'église cathédrale de Sarlat, et Jean de Saint-Exupéry, doyen de l'église métropolitaine de Paris ; enfin, des moines et des religieux.

Ces détails, nous les devons, non à l'abbé de Saint-Exupéry qui, de sa vie, n'en a dit mot, et qui nous semble avoir été à l'égard de ces choses comme un étranger qui les ignore, mais à un extrait des *Archives historiques* que nous avons consulté (1).

(1) Nous allions livrer cette page à l'impression, lorsque le dernier numéro des *Etudes Religieuses*, etc., de nos Pères (mars 1879) nous a apporté sur Jean de Saint-Exupéry, que nous venons de nommer, des détails que nous ignorions. Sa dignité ecclésiastique, ses sentiments, son attachement à son archevêque, sa mort même, établissent entre lui et notre abbé Maxime une analogie assez frappante, pour que nous croyions devoir faire honneur à ce nom en le détachant de l'énumération commune. La famille lira avec plaisir tout ce qui le concerne ;

elle n'a point perdu son souvenir. Au château du Fraisse où il venait tous les ans passer quelques jours, et qui est, en ce moment, la propriété de M. Octave de Saint-Exupéry, frère de M. Maxime, on montre encore la chambre qu'il habitait. Elle s'appelle toujours, dans le langage des maîtres et des domestiques, *la chambre du doyen*.

Dans l'article en question, qui fait suite à plusieurs autres que la plume élégante du R. P. Régnault a consacrés à la mémoire de Monseigneur Christophe de Beaumont, une des gloires du Périgord, voici ce que nous lisons sur Jean de Saint-Exupéry. Il était en parfaite communion d'idées avec l'illustre prélat. Lorsque l'intrigue parlementaire et janséniste, qui poursuivait en monseigneur de Beaumont son plus redoutable adversaire, l'eut fait bannir pour la troisième fois de sa ville épiscopale, et confiner au château de La Roque, que son frère possédait dans le Sarladais, l'abbé de Saint-Exupéry réunit le chapitre, et lui adressa ce discours aussi plein de fermeté que de mesure :

« Il n'est pas nécessaire, messieurs, de vous instruire de la » troisième disgrâce que vient d'éprouver Monseigneur l'arche- » vesque ; il est public que de nouvelles circonstances, que » nous devons respecter sans chercher à les approfondir, nous » ont enlevé ce prélat en l'éloignant d'un troupeau à qui il sera » toujours cher. A n'examiner que l'évènement en soy, nous » aurions pensé qu'il aurait été digne d'une Compagnie dont le » caractère distinctif fut toujours attachement et amour pour » ses archevesques, de donner dans ces circonstances à Mon- » seigneur l'archevesque des témoignages publics de nos regrets, » soit par une députation nombreuse, soit peut-être par une » démarche plus publique encore ; mais de prudentes et d'im- » portantes considérations nous ont retenu, et nous pouvons » avoir au moins l'honneur de vous confier, messieurs, que » celle qui a mis le plus grand obstacle à nos désirs sur ce » point, a été l'opposition que nous avons trouvée dans Mon- » seigneur l'archevesque à toute démarche d'éclat. Il aurait » voulu cacher à Paris, au public, au Roïaume, et pouvoir dévo-

» rer seul, dans le secret, les suites de sa disgrâce ; mais enfin » elle est trop publique pour pouvoir nous la dissimuler.

» Dans de pareilles circonstances, nous croyons qu'il est de » notre devoir de vous proposer, messieurs, de faire écrire à » Monseigneur l'archevesque, soit de la part du chapitre en » corps, soit par telle personne que vous voudrez choisir, tout » ce que l'attachement, l'amour et le respect peuvent inspirer » de plus fort, pour lui exprimer les regrets, l'amertume et la » désolation dans laquelle le chapitre et tous les membres qui » le composent sont plongés. »

« Le doyen ayant été choisi sur le champ, à l'unanimité, pour se faire l'interprète des sentiments de tous, M. de Saint-Exupéry expédia sans retard cette lettre au château de La Roque :

« Paris, le 7 janvier 1758.

« Monseigneur, le chapitre assemblé vient de me charger » de vous rendre compte de la douleur unanime dans laquelle » il est plongé. Nulle expression ne saurait rendre la désola- » tion et l'amertume de tous les membres de la Compagnie. » Si nous eussions pu suivre la pente de nos cœurs, nous vous » eussions donné, Monseigneur, dans une députation nom- » breuse, des témoignages authentiques de nos regrets. Ils » vous ont suivi. Vous en serez le dépositaire pendant tout le » temps que les circonstances dureront, et votre retour pourra » seul calmer notre douleur. Nous vous supplions, Monsei- » gneur, de recevoir ces expressions comme un faible témoi- » gnage des liens qui nous attachent à vous : nul évènement » ne les altèrera et la mort seule peut les briser. Je vous sup- » plie de compter avec une entière confiance sur la fidélité » et l'attachement que je vous ai voué ainsi que sur l'inviola- » ble respect avec lequel j'ai en particulier l'honneur d'être, etc.»

« Le message de l'abbé de Saint-Exupéry fut, pour l'archevèque de Paris, une grande consolation dans sa disgrâce. Il songeait à y répondre, quand le courrier apporta une seconde lettre, marquée comme la précédente aux armes du chapitre de Notre-Dame, mais écrite d'une autre plume et signée d'un autre nom. Le chantre Urvoy lui mandait à la date du 6 février :

» Monseigneur, nous avons eu, le premier de ce mois, la » douleur de perdre M. l'abbé de Saint-Exupéry, doyen de » notre église. Une humeur de rhumatisme, qui s'est jetée sur » la poitrine, nous l'a enlevé le quatrième jour de sa maladie. » Il a reçu les derniers sacrements avec beaucoup de piété, » et il est mort dans de grands sentiments de résignation à la » volonté de Dieu. C'est une véritable perte pour la Compagnie, » c'en est une irréparable pour sa famille, et en particulier » pour M. l'abbé de Coursat, son neveu, qu'il entretenait de- » puis quelques années au séminaire de Saint-Sulpice. Le » chapitre touché, au delà de toute expression, et de la mort » de l'oncle qu'il aimait tendrement, et du malheur du neveu » à qui il ne reste aucune ressource, m'a chargé, par délibéra- » tion du 3 de ce mois, d'avoir l'honneur de vous marquer, « Monseigneur, tout l'intérêt qu'il prend au sort de M. de » Coursat, et de vous supplier avec beaucoup d'instance de » vouloir bien le dédommager de la grande perte qu'il vient de » faire... Son oncle était rempli de respect et d'attachement » pour vous, Monseigneur... Ce que vous ferez pour un jeune » homme que la mémoire de son oncle rend si cher au chapitre, » sera une nouvelle marque de bonté que vous donnerez à une » Compagnie qui vous est si respectueusement dévouée... »

« Quelques jours après, l'archevêque répondait :

» J'ai reçu, messieurs, la lettre que feu M. l'abbé de Saint- » Exupéry m'écrivit de votre part. J'y ai reconnu les sentiments » dont votre Compagnie m'a tant de fois donné de si obli- » geants témoignages. Soyés, je vous prie, persuadés qu'ils ont » fait sur mon cœur la plus vive impression, et que j'en conser- » verai toute ma vie bien chèrement le souvenir. J'ai saisi avec » empressement l'occasion que vous m'avés fournie de vous » donner une légère preuve de ma reconnaissance, en marquant » à M. l'abbé de Coursat le désir que j'ai de lui être utile, et » je ne perdrai jamais de vue votre recommandation ; je sçavois

» l'intérêt que vous prenés à ce qui le regarde, et je puis dire » que la cause qui le produit nous est commune, puisqu'on ne » peut partager plus vivement que je le fais, la juste douleur » que vous ressentés de la mort de son oncle... »

Là se termine ce document, qui fait ressortir plusieurs beaux traits de la noble figure du doyen de Paris. Rapproché de ce que l'on sait d'avance du vicaire général de Périgueux, il est une preuve de la perpétuité et de la transmission des sentiments élevés dans la famille de Saint-Exupéry.

II

Le château de Cardou, situé dans la petite paroisse de Bourniquel, non loin de Beaumont-du-Périgord, est un des fiefs, et a été pendant quelque temps la demeure des chefs de la famille de Saint-Exupéry. C'est là que naquit, le 11 juillet 1813, Marie-Jacques-Maxime, dont nous esquissons la vie.

En venant au monde, il trouva la maison de ses pères toute embaumée de souvenirs chrétiens. A l'époque de la tourmente révolutionnaire qui emporta vers l'exil la grande noblesse, la famille de Saint-Exupéry, grâce à l'amour que lui portaient les habitants de la contrée et aux mœurs simples qu'ils avaient gardées, avait échappé pendant plusieurs années à la terrible proscription, et continué à habiter en paix le vieux château. Il était devenu tout naturellement l'asile des prêtres de la campagne. On y montre encore, comme une relique précieuse, la table de marbre sur laquelle, une nuit entre autres, plusieurs de ces glorieux fugitifs s'étant rencontrés ensemble sous le toit hospitalier, célébrèrent successivement les saints mystères. C'était Jacques de Saint-Exupéry, alors bien jeune, qui servait à l'autel improvisé. Nul doute que les bénédictions de Dieu ne soient tombées abondantes sur les témoins de cette scène digne des catacombes, en particulier sur le jeune adolescent qui en était un des acteurs. Parmi ces bénédictions divines, il faut compter le bonheur qu'il eut, plus tard, de rencontrer une épouse digne de lui, et la fécondité qui descendit sur leur union.

Maxime était le second des dix enfants que

Dieu leur donna, et l'aîné des garçons (1). Il devait donc être l'héritier des titres et des traditions de la famille. On l'élevait dans cette espérance, — avec quel amour, on le devine. Mais Dieu avait d'autres vues sur l'enfant. En le mettant en de si saintes mains, il le formait pour une meilleure destinée. Sa vieille grand'-mère eut-elle le pressentiment de la pensée du ciel sur lui? On le croirait. Un jour que le petit enfant, atteint d'un mal mortel, semblait désespéré, le père, tombant à genoux, en fit héroïquement le sacrifice à Dieu. Aussitôt un mieux se fit sentir; l'aïeule alors dit au père :

(1) Du mariage du marquis Jacques de Saint-Exupéry avec Mlle Marie-Albertine-Pauline de Grenet de Blérancourt sont issus :

1° Ernestine de Saint-Exupéry ;
2° Marie-Jacques-Maxime de Saint-Exupéry, prêtre ;
3° Joseph de Saint-Exupéry, qui a pris la place de son frère aîné ;
4° René de Saint-Exupéry ;
5° Albert de Saint-Exupéry ;
6° Ferdinand de Saint-Exupéry, mort à vingt-trois ans ;
7° Valentine de Saint-Exupéry ;
8° Octave de Saint-Exupéry ;
9° Henry de Saint-Exupéry ;
10° Aloys de Saint-Exupéry.

« l'enfant vous est rendu, mais il vous sera redemandé un jour. »

La famille ne négligeait rien de ce qui pouvait attirer les faveurs du ciel sur ce cher trésor. Elle attacha, à ce point de vue, beaucoup de prix à la présence momentanée du saint suaire de Cadouin, qui fut porté à Cardou vers ce temps, pour y être appliqué par les mains pieuses de Mlles de Saint-Exupéry sur une belle tenture de soie offerte par le marquis leur père. Elles y travaillaient en priant pour Maxime, à qui elles aimaient à faire toucher l'insigne relique, et qui se prêtait volontiers au désir de ses tantes, le devançait même souvent avec une initiative surprenante dans un enfant de quelques mois.

A cinq ans, Maxime était en état de servir à l'autel le prêtre qui remplissait alors les fonctions de curé à Bourniquel. C'était le vénérable chanoine de Lavalette, de la famille du grand maître de ce nom que l'héroïque défense de Malte contre les Turcs a rendu si célèbre. Fidèle lui aussi, mais sur un autre champ de bataille, à la devise de sa maison : *Plus Quam*

Valor Valeta Valet, il avait confessé la foi pendant la révolution. La famille de Saint-Exupéry l'avait recueilli chez elle à l'époque où, forcée de fuir à son tour, elle se cachait à Bordeaux. La paroisse de Bourniquel étant sans presbytère, il continua à être l'hôte du château, qu'il ne quitta plus jusqu'à sa mort. Le bon prêtre cherchait à payer cette généreuse et persévérante hospitalité en travaillant à l'instruction du jeune Maxime et en lui donnant, quand l'heure fut venue, les premières notions de latin. L'enfant lui garda toute la vie une grande reconnaissance. Admirable délicatesse de la Providence divine qui lui réservait une manière touchante d'acquitter sa dette ! Quand l'heure de la récompense fut venue pour l'abbé de Lavalette, Dieu voulut que Maxime se rencontrât à son lit de mort, et que le saint vieillard entendît les exhortations, et expirât entre les bras de son disciple devenu prêtre.

III

Le ciel accorda à Maxime le bienfait d'une formation toute cléricale. Nous venons de voir que, sans rien perdre des soins de ses pieux parents, il reçut ceux d'un saint prêtre, reste glorieux d'un clergé persécuté; de là, il passera sous la direction des Pères de la Compagnie de Jésus; et il ne les quittera que pour aller demander aux prêtres de Saint-Sulpice le complément et comme la couronne de son éducation.

C'est à la fin de 1825 que le jeune de Saint-Exupéry entra au collège que les Pères Jésuites avaient à Bordeaux. Reçu d'abord en sixième, il dut, à Pâques, sur la demande de ses condisciples qui ne se sentaient pas de force à lutter contre lui, passer en cinquième. « Il se trouva, nous dit un de ses camarades, dont les notes, très précises, nous ont été d'un grand secours, dans une classe nombreuse et forte. Doué d'une grande facilité pour le travail, d'une mémoire heureuse, il sut, nouveau venu, y conquérir bientôt un rang très honorable. »

Passant à sa conduite, le même témoin ajoute : « Avec un caractère ouvert qui ne dissimulait jamais sa pensée, une aimable gaîté, de l'entrain et du mouvement dans les divers jeux, une régularité parfaite, le jeune de Saint-Exupéry eut bientôt gagné l'affection de ses maîtres et celle des élèves, parmi lesquels il ne compta jamais que des amis, qui sont restés fidèles à son amitié jusqu'à sa mort. »

Un autre condisciple atteste, presque dans les mêmes termes, l'heureuse impression que, dès le début, Maxime produisit autour de lui.

Aussi mérita-t-il de faire sa première communion l'année même, 21 juin 1826. Ce jour fut pour lui si solennel, et laissa en son âme de si profondes traces, que, tous les ans depuis, il en faisait la mémoire, et qu'il avait coutume, quand il présidait des cérémonies de première communion, de dire avec un accent qui impressionnait ceux qui l'entendaient : « Jour de ma première communion, plus tu t'éloignes, plus tu m'es cher ! » Les personnes qui l'ont visité après sa mort, ont pu remarquer au dessus du lit funèbre un tableau qui rappelle cet acte important de son enfance. C'est à l'abri de ce frais souvenir qu'il aimait à prendre tous les jours son repos, et qu'au soir de sa vie il s'est endormi du sommeil des justes.

Rien n'est uniforme comme une vie de collége. Le lendemain ressemble parfaitement à la veille; c'est le retour incessant des mêmes travaux et des mêmes délassements. Cette suite si unie prête peu au récit; heureusement que lorsqu'elle se rencontre dans la conduite d'un bon écolier, elle est une perfection, et elle vaut d'un seul coup toute une histoire. C'est le cas de Maxime; sa sagesse ne se dément jamais. Celui de ses professeurs qui l'a le plus longtemps suivi et le mieux connu, nous écrit :

« Comment donner satisfaction à votre demande ? Voici plus de cinquante ans que nous ne nous sommes pas rencontrés, M. Maxime et moi. Toutefois, en dépit de mes vieux ans, son souvenir m'est toujours présent, d'autant qu'il figure avec distinction sur un petit livret où sont inscrits tous mes anciens élèves, livret que je porte de temps en temps sur moi, sur mon cœur, à l'heure de ma messe ; et ce que je puis attester, c'est que mon cher Maxime a toujours été, comme élève, un modèle de régularité, de piété et d'application. Quant à moi, ce qui est très significatif, je ne crois pas l'avoir jamais trouvé en faute, et je ne sache pas qu'il ait jamais été puni par aucun surveillant et par aucun professeur.

» Une fois cependant, un surveillant se plaignit à moi de ce que, depuis quelque temps, Maxime passait toutes ses récréations avec son frère Joseph, et de ce qu'ils se chamaillaient souvent. Inutile de dire que Maxime, quoique l'aîné, était toujours obligé de céder devant

Joseph. C'étaient deux très bons enfants, mais de caractères différents : Joseph était bouillant, Maxime, sans être froid, était plus contenu, plus pacifique. Après avoir rassuré le surveillant sur leur compte, et lui avoir démontré qu'il n'y avait pas d'inconvénient à ce qu'ils restassent toujours ensemble, puisqu'ils étaient chacun en bonne compagnie et qu'ils se sauvegardaient l'un l'autre, je les fis venir tous deux, et je leur dis : J'apprends qu'en récréation vous êtes presque toujours ensemble, et que vous n'êtes pas toujours d'accord ; restez ensemble tant que vous voudrez, mais à la condition que vous ne vous disputerez qu'une fois par jour. J'avais affaire à des cœurs bons et généreux, ils comprirent ; plus de bataille, paix complète et constante. »

Au reste des griefs de cette nature dans un enfant de cet âge ne sont pas bien graves. Quand ils sont les seuls qu'on puisse lui reprocher, en parler c'est presque faire son éloge.

Dans les succès ce fut, de la part de Maxime, la même persévérance que dans la bonne conduite. « Il compta toujours parmi mes meilleurs élèves, » nous dit le même Père. — Nous avons eu l'heureuse fortune de retrouver bon nombre de ses travaux dans deux cahiers conservés aux archives de notre maison provinciale, dont l'un contient les devoirs lus dans les séances publiques de l'académie de grammaire, au moment où Maxime en était membre ; l'autre, les sujets de composition donnés dans la classe de troisième, dont il était élève, pendant l'année scolaire 1827-1828, avec les copies des deux premiers lauréats. Or, dans celui-ci Maxime de Saint-Exupéry figure quatorze fois. Ce nombre nous donne la mesure de sa force, et nous permet d'affirmer que, s'il n'apparaît pas toujours au premier ou au second rang, il n'en est jamais bien éloigné.

C'est surtout dans la versification latine que son talent s'exerçait avec plus de facilité. Le 2 novembre 1827, aux premiers jours par conséquent de sa troisième, il faisait sur un canevas assez restreint, intitulé : *Vœux d'une mère pour le retour de son fils qui est à l'armée*, ces vers, dont on saisirait mieux le mérite naissant, si nous mettions en regard la pièce qui n'obtint que la seconde place :

« Jam non purpureis collucent floribus arva,
Non lætis volucres concentibus aera mulcent;
In silva tristis nudatur frondibus arbos.
Nonne licet longas animo deponere curas?
Quæ sors infelix, heros carissime matri,
Absentem longe patriis te detinet agris?
Victrices cinxere satis tua tempora lauri,
Matris amor serta imponat tibi myrthea tan-
[dem. »]

A ce début du jeune poëte, nous devinons ce que dut être la suite. Aussi, quand ses succès l'eurent fait entrer dans l'académie de grammaire, il put chanter sur un ton plus élevé, et sur un rhythme plus difficile, les gloires de Marie immaculée :

« Quænam purpureo femina lumine
Incedit radians? Candida cingitur
Stellarum nitido frons diademate;
Olli sol tunicam flammiferam dedit.
Frustrà sub pedibus terribilis draco

Immugit rabie percitus effera,
etc. . . . .
. . . .
O Regina, tuis perpetuum fave
Qui te perpetuum dicere gestiunt. »

Sans doute ces derniers vers, comme tous les devoirs destinés au public, ont été retouchés par la main du maître. Cependant celui-ci a dû, d'après la règle, être assez réservé dans ses corrections, pour que la pièce revue restât vraiment l'œuvre de l'écolier.

On avait remarqué, d'ailleurs, que Maxime, qui eut toute sa vie pour la Très-Sainte-Vierge une grande dévotion, était plus poëte quand il parlait d'elle. Le cœur alors stimulait l'esprit. Il excellait de même à exprimer ces douces affections, ces joies intimes de la famille, dont le charme avait saisi ses premiers ans. Quoi de plus délicat et de plus achevé, par exemple, que ces vers où il chante, au premier jour de l'an, son père, sa mère et le R. P. Recteur?

« Incertos modo gressus huc illucque ferebam
Valde sollicitus, mœsto sub corde revolvens

Gaudia quæ quondam, patriæ sub limine sedis,
Anni prima dies mihi suppeditare solebat.
Proh dolor, aiebam, non consueta ergo licebit
Oscula ferre patri, munuscula dulcia cordis ;
Sed neque te, ô mater, spatiis occlusus iniquis,
Nec tua jam blandis materna amplexibus, eheu!
Colla petam! Quantum nobis nunc mœsta re-
[vertis,]
Quondam læta dies! sic talia mente volutans
Ducebam tristes tristi de pectore questus;
Cùm subitò ante oculos dilecti occurrit imago.
Majestate nitet sublimi, invitat amorem.
Jamque lares patrios oblitus, tristia longe
Amoveo. Quid nunc patrem matremve requi-
[ram?]
En pater almus adest, en et carissima mater. »

Hélas! il ne savait pas, quand il écrivait cette délicieuse poésie, que ce collége de Bordeaux qui le consolait presque de l'éloignement de Cardou, et où il comptait passer encore d'heureux jours, on préparait l'arrêt qui devait le fermer; que ces maîtres en qui il retrouvait l'amour d'un père et d'une mère, on songeait à les proscrire.

IV

Les ennemis de la religion n'avaient pas vu sans colère les Jésuites reprendre leur œuvre préférée de l'éducation de la jeunesse. Une grande partie de la presse s'était faite l'écho de leurs haines aveugles et l'instrument de leurs attaques quotidiennes. On se rassurait toutefois sur les bonnes dispositions des gouvernants, lorsque les fameuses ordonnances de 1828 tombèrent comme un coup de foudre sur la Compagnie, et supprimèrent les huit collèges tenus par elle. Cédant aux instances réitérées d'un bon nombre de familles, qui ne croyaient pas être quittes avec leur conscience, si elles n'assuraient pas jusqu'au bout à leurs enfants le bienfait d'une éducation chrétienne, les Pères se décidèrent à ouvrir un nouveau collége au Passage, petite ville d'Espagne, située non loin de la frontière. Ici commence, de la part de la famille de Saint-Exupéry, un long exemple d'inviolable attachement à la Compagnie de Jésus. Tandis que celle-ci s'en va d'exil en exil, traquée par les méchants, les de Saint-Exupéry la suivent partout. Dans tous ses colléges, au Passage, à Fribourg, à Brugelette, nous rencontrons ce nom fidèle. Et quand, enfin, des lois plus justes lui permettent de rentrer dans le droit commun, et d'ouvrir de nouveau des écoles en France, nous trouvons parmi les premiers élèves de notre collége de Toulouse les deux derniers des huit frères.

M. le marquis de Saint-Exupéry conduisit lui-même ses deux fils aînés, Maxime et Joseph, au Passage.

Les voyages alors n'avaient pas les facilités qu'ils ont de nos jours. Celui-ci, paraît-il, fut marqué d'incidents, heureusement sans gravité, qui en coupaient la longueur et en égayaient la monotonie. On arriva enfin.

La petite ville espagnole, avec ses hautes montagnes qui la dominent d'un côté, et les flots de la mer qui la baignent de l'autre en formant à ses pieds une baie assez vaste, parut aux jeunes voyageurs un séjour délicieux. D'ailleurs, ils y retrouvaient les Pères ; n'était-ce pas assez pour la leur faire aimer ?

Ils y vivaient donc heureux, sans oublier pourtant la patrie. Dans leurs excursions au milieu des sites les plus pittoresques, et dans leurs longues promenades, eux et tous leurs camarades aimaient à se rendre sur les bords de la Bidassoa, d'où ils pouvaient saluer avec bonheur les rivages de la France qui apparaissaient à leurs regards.

Mais ne perdons pas de vue celui qui, parmi ces expatriés, doit seul nous occuper.

Maxime resta cinq ans au Passage, deux de plus qu'à Bordeaux. L'histoire de ce temps ne sera pourtant pas plus longue que celle qui précède. Quelques documents très courts, mais très substantiels, en feront tous les frais.

Appelé par le genre de relations dont l'abbé de Saint-Exupéry nous a honoré dans les dernières années de sa vie, à dépouiller ses papiers après sa mort, nous avons trouvé dans un des tiroirs de sa table de travail, des souvenirs de famille, des souvenirs de collége et des souvenirs de séminaire : trois affections bien associées là! Parmi ces richesses était un rouleau contenant de grandes feuilles imprimées, dont l'une en parchemin servait d'enveloppe aux autres. On eût dit des titres de noblesse; ils l'étaient bien en réalité. C'était son diplôme de congréganiste des Saints Anges, son diplôme de congréganiste de la Très-Sainte Vierge, l'un et l'autre obtenus au Passage, toutes ses lettres d'ordination, sa feuille d'admission dans l'archiconfrérie de Notre-Dame des Victoires; l'enveloppe en parchemin était sa lettre patente d'académie de littérature. Donc, Maxime fut deux fois congréganiste au Passage, et l'on sait ce que ce titre suppose de sagesse et de piété; il fut académicien, et l'on sait ce que ce titre exige de progrès dans les lettres.

On regrettera sans doute qu'après avoir été si riches de notes, quand il a été question de ses classes de grammaire, nous n'ayons presque rien à citer de ses travaux en littérature. Nous n'avons pu découvrir, en effet, en quelles bibliothèques ou quelles mains ces richesses ont été déposées. Nous avons retrouvé seulement, dans les papiers de l'abbé de Saint-Exupéry mentionnés plus haut, une liasse de quatre ou cinq compositions du jeune académicien de rhétorique ou de philosophie. Mais ce n'est qu'à grand'peine que nous avons pu, à travers de nombreuses abréviations, à travers mille ratures, signes certains de son application, dégager quelques pages entières. En voici une qui peut nous donner, ce semble, quelque idée du brillant littérateur. Le discours d'où elle est tirée fait supposer un débat oratoire, dans lequel Maxime prend parti pour l'*avenir*, tandis que ses rivaux donnent leurs préférences, les uns au *passé*, les autres au *présent*. Ce morceau ne manque ni de mouvement ni d'éclat.

« Mais sans m'arrêter plus longtemps à une

raison si décisive en ma faveur, je ne veux d'autres preuves de la bonté de ma cause que le sentiment universel de tous les hommes; et c'est à vos cœurs que j'en appelle. Vous tous qui m'écoutez, qui d'entre vous ne vit pas tout entier dans l'avenir? Oui, je les entends ces vœux empressés que votre bouche profère : O premier séjour de mon enfance, demeure délicieuse, asile chéri, temple sacré, où, sous la sauvegarde d'une mère vénérée, s'écoulèrent mes premiers ans, quand donc me sera-t-il donné de vous revoir! Bosquets silencieux, riantes campagnes dans lesquelles mon bras vainqueur promenait le ravage et la mort, quand serez-vous de nouveau le temoin de mes triomphes? Et vous, nobles amis, déjà lancés dans la carrière, quand pourrai-je montrer, comme vous, au grand jour du monde, que j'ai le cœur français, et que le sang chrétien coule aussi dans mes veines? — Oui, partez, tendre espoir de la religion et de la patrie, élancez-vous hors de ces enceintes paisibles qui dérobèrent assez longtemps à la société le spectacle de vos timides vertus. Que votre début dans le monde soit l'aurore d'un long et beau jour. Encore quelques instants, et je vous vois, jeunes littérateurs, déployer dans nos feuilles quotidiennes et dans une polémique de tous les jours les ressources d'un esprit fécond et souple, et percer de vos traits les ennemis des saintes et légitimes causes,—ou, d'un talent plus grave et plus élevé, créer des chefs-d'œuvre immortels qui porteront vos noms à la postérité la plus reculée. Et je vous entends, jeunes magistrats, faisant retentir devant les tribunaux de la terre les accents de votre éloquence émue en faveur de l'innocence opprimée. Et je vous contemple, jeunes héros, donnant votre sang et cueillant des lauriers sur les champs de bataille. Je vous admire, jeunes ministres des autels, tonnant contre le vice avec toutes les foudres d'une parole indignée, ou faisant aimer la vertu en la parant de ses grâces célestes. »

Il y a dans ces lignes du souffle, de l'inspiration, quelque chose de jeune et de généreux qui fait plaisir, — sans oublier cette surabondance d'imagination, qu'on aime à rencontrer dans les premiers essais d'un beau talent.

Le devoir dont nous allons donner un extrait est-il l'œuvre du littérateur ou bien celle du grammairien ? Est-ce un thème de troisième ou une composition d'humanités ? Il est difficile de le décider. Mais peu importe ; de quelque manière qu'on l'envisage, thème ou narration descriptive, c'est un petit chef-d'œuvre où l'on ne sait ce qu'il faut admirer le plus, du fond ou de la forme. Le titre en est : *L'écolier couronné, de retour dans sa famille.*

« . . . . Hora tandiù exoptata venit. Tota suum domus triumphatorem expectat. It reditque mater, horas incusat anxia ; timetque ne quis forte casus laurigero nobilitatam capite rhedam dejecerit ; irruentem latronum turbam aut fractum rotarum axem sibi fingit. Ecce autem ad fores stetit rheda. Subito celeri pede aliquis advolat ; Carolum omnes agnoscere, Carolum appellare, Carolum amplecti. Pater libros avide arripit, et serico filo prærupto, modo prœmium, modo filium lacrymans contemplatur ; mater filium tantummodo ; ut per hunc annum crevit filiolus ille meus ! Certe, inquit, ille vir adest qui puer discessit. A fraterno collo pendet soror ; stat non procul frater ætate junior, dubitatque an, ut antea, adolescentis osculo vultum præbeat; laureatam illam frontem, cui novum decus indidit victoria, vix audet furtim intueri... »

Il n'est personne qui, en lisant cette description si vive et si vraie, n'en fasse l'application à Maxime lui-même. Il revenait, en effet, tous les ans au foyer paternel, chargé de lauriers. Deux catalogues des prix, que nous avons en main, en font foi; l'un est de 1831, époque où il faisait sa rhétorique, l'autre est de 1833, date de sa seconde année de philosophie. Le nom de Maxime de Saint-Exupéry y est plusieurs fois répété. Qu'il nous suffise de mentionner dans chacun d'eux un prix qui marche rarement seul : le second prix d'excellence en 1831, le premier en 1833. L'année 1832, à défaut de *Palmarès*, a un témoignage meilleur encore. Ce sont les thèses, splendidement imprimées, de l'*acte public* de philosophie soutenu par Maxime, et dédié à Monseigneur de Lostanges, évêque de Périgueux.

Ces dates nous conduisent à la fin des études

classiques du jeune de Saint-Exupéry. Il n'en avait pas devancé l'heure par des désirs intempestifs, comme cela arrive à bon nombre d'écoliers ; plus désireux de se produire que de se préparer, ils portent, comme un fardeau, et voudraient abréger ces années de solitude et de travail, pourtant si utiles et si douces.

Maxime avait un peu plus de vingt ans quand il quitta les Pères ; il les quitta avec beaucoup de regret. Il avait trouvé auprès d'eux tout ce que l'éducation secondaire peut donner de plus précieux à un jeune homme : la formation de son esprit, nous en avons vu la preuve dans les pages qui précèdent ; la conservation de son âme, nous en avons le témoignage dans les lignes qui suivent : « Tant que je l'ai eu sous les yeux, nous dit un de ses maîtres, c'est-à-dire jusqu'à la fin de ses classes, je l'ai toujours regardé comme un ange ; j'étais convaincu qu'il n'avait pas perdu l'innocence baptismale ; c'est l'idée qu'on en avait généralement. »

V

Avec ces qualités, avec son nom et sa fortune, Maxime de Saint-Exupéry pouvait se flatter de réussir dans le monde. Mais Dieu avait travaillé à l'aise son âme docile dans le milieu chrétien où il l'avait placée, et le jeune adolescent se sentait attiré vers des régions plus hautes que la terre. Il se demandait, dans son désir ardent de suivre Jésus-Christ de près, s'il ne devait pas embrasser la voie parfaite, et dire adieu à tout ce qu'il aimait.

Il prit quelques mois de repos au sein de sa famille. Puis, voulant s'assurer que ce qu'il entendait au fond de son cœur était la voix d'en haut, il fit le voyage d'Avignon. Il y avait là un noviciat de Jésuites, et Maxime venait demander lumière aux frères en religion de ses anciens maîtres. Sa pensée déjà faisait choix de la Compagnie; mais les Pères jugèrent, après mûr examen, qu'il devait tourner ses vues vers le sacerdoce séculier.

Le marquis et la marquise de Saint-Exupéry n'étaient pas de ces demi-chrétiens qui marchandent avec leur devoir. Ils savaient trop bien que les enfants appartiennent tout d'abord à Dieu, qu'ils sont aux mains des parents un dépôt qu'il leur confie et qu'il peut reprendre, comme il lui plaît, par la mort ou par l'immolation de la vie religieuse. Le fils qu'il leur demandait leur était particulièrement cher : il était leur aîné, il avait tout ce qu'il faut pour faire honneur à ce titre. Ils crurent pouvoir lui faire observer qu'il allait le perdre avec les avantages qui en sont la suite, et n'être plus que le second de ses frères. Mais ce fut tout. Ils s'inclinèrent devant la volonté divine qu'ils reconnurent dans la détermination persistante de Maxime.

Cette circonstance de la vie de l'abbé de Saint-Exupéry nous fait songer à une belle page qu'il écrira un jour à la gloire des familles d'autrefois, qui étaient si fières de pouvoir donner quelques-uns de leurs fils à Dieu. Ne pouvons-nous pas croire qu'en la composant le souvenir de son père et de sa mère lui servait d'inspiration, et ne sommes-nous pas en droit de la lui emprunter pour les louer plus dignement?

« Il fut un temps, dit l'abbé de Saint-Exupéry, où toutes les classes de la société tenaient à honneur d'avoir leurs représentants dans les rangs de la milice sainte. C'était pour celles que Dieu avait placées aux premiers ordres des conditions sociales une dette de religion et de justice qu'elles se croyaient tenues d'acquitter envers l'Eglise. Ne connaissant pas, dans ces âges de foi, ces calculs cupides par lesquels un grand nombre aujourd'hui se défient des bénédictions de la divine Providence, entourés d'une nombreuse couronne d'enfants chrétiens, les parents cherchaient, ils étaient heureux de trouver dans la famille la part faite par Dieu et pour Dieu, comme ils la lui faisaient de leur côté dans l'administration de leurs biens temporels. Ils savaient qu'en lui donnant généreusement ceux qu'il avait marqués pour son service, ils se préparaient de nouvelles faveurs du Ciel, et pour eux-mêmes et pour tous ceux qui leur étaient chers. Ils regardaient en outre la vocation sacerdotale comme un lustre nouveau surajouté à leur illustration personnelle. Ils se souvenaient que les prophètes et les apôtres avaient nommé le sacerdoce chrétien une assemblée de rois, un sacerdoce royal ; et l'alliance contractée par leurs enfants avec Jésus-Christ et l'Eglise leur était apparue comme la plus noble et la plus digne qu'ils eussent pu ambitionner (1). »

(1) Discours pour l'œuvre du patronage des séminaires.

VI

Pour mieux se préparer à cette noble et digne alliance, Maxime fit choix du séminaire de Saint-Sulpice, d'où sont sortis tant d'hommes illustres par leurs talents et leurs vertus. Il y entra le 9 octobre 1835.

Il fut chez les Messieurs de Saint-Sulpice ce que nous l'avons vu chez les Pères Jésuites, avec le progrès que réclament l'âge et la sublime vocation qu'il avait embrassée. Voici, en effet, ce que le vénérable supérieur de Saint-Sulpice, M. Icard, nous écrit : « Je l'ai vu au séminaire, j'étais son professeur de théologie, et je suis toujours resté son ami. C'était, pendant tout le cours de sa formation cléricale, un jeune élève fort régulier, à sentiments délicats et élevés, très estimé et aimé de ses confrères. Il annonçait alors ce qu'il est devenu dans la suite.»

Ce que cette lettre nous dit, ce qu'elle nous fait surtout deviner dans sa briéveté, une autre lettre le confirme, le développe avec une plénitude qui ne laisse rien à désirer. Quoiqu'elle devance les dates, et qu'elle ait été écrite à l'occasion de la mort de l'abbé de Saint-Exupéry, elle est trop belle, elle part de trop haut pour que nous osions en retrancher une seule ligne. Monseigneur de Limoges daignait nous écrire le 17 janvier dernier :

« Cher et révérend Père,

» La tristesse que me causait la mort de mon cher et vénérable ami, Monsieur l'abbé de Saint-Exupéry, s'augmentait encore par l'ignorance où j'étais des détails de sa fin si inattendue. J'allais aujourd'hui même écrire à M. le secrétaire général de l'évêché pour le prier de satisfaire mon trop légitime intérêt, lorsque j'ai reçu votre lettre. Je vous remercie, mon bon Père, et je remercie les chers parents de notre ami d'aller au-devant de mes désirs.

» Ah ! puisque vous l'aimiez, je peux donc épancher mon cœur dans le vôtre, et vous dire tous les regrets que cette mort m'apporte. J'avais pour le cher abbé une vraie amitié, fondée sur une estime tellement profonde, que c'était de la vénération ; et les années n'avaient fait que fortifier ce double sentiment.

» Vous me demandez, cher Père, de vous dire ce que je sais de sa vie. Je vous ferai plutôt part de mes impressions ; car notre vénérable ami était de ces êtres modestes qui ne se révèlent pas par des faits éclatants ; il faut les voir longtemps et de près pour les apprécier. J'ai connu l'abbé de Saint-Exupéry sous deux aspects de sa jeunesse cléricale : séminariste et catéchiste. Séminariste, il a été un modèle de régularité. Je n'exagère rien, en affirmant qu'il n'a jamais transgressé volontairement un seul point du réglement. Ses études théologiques ont été sérieuses : je me souviens d'avoir eu plus d'une fois recours à ses notes pour compléter les miennes ; elles étaient d'une rédaction très soignée, nette, précise, d'une exactitude rigoureuse. Il était parmi les bons élèves du cours, et ce n'est pas peu dire ; car notre génération comptait plusieurs jeunes gens qui, depuis, ont occupé des positions considérables dans l'Eglise. Il y avait dans l'abbé de Saint-Exupéry l'étoffe d'un futur évêque, et aujourd'hui encore plusieurs de ses anciens amis comme moi s'étonnent qu'on l'ait laissé dans un rang secondaire.

» Tout le monde sait qu'à Saint-Sulpice on attache encore plus de prix à la piété qu'à la science. Sous ce rapport, grâce à sa pieuse famille et à son séjour dans les colléges de la Compagnie, notre cher défunt avait de l'avance sur nous tous ; dès son entrée au séminaire, il était pieux, il fut bientôt l'un des plus fervents. Que de fois, à la salle des exercices ou à la chapelle, je l'ai contemplé absorbé dans la prière ! Je le vois encore : les yeux fermés, ou fixes et dilatés comme s'il avait une vision de l'infini, le corps droit, immobile ; parfois sa figure s'illuminait et prenait une expression indicible de bonheur. D'autres condisciples, dont les noms me reviennent à mesure que j'écris, s'imposaient peut-être plus à ma respectueuse admiration, pas un ne m'attirait comme ce cher ami. Encore un souvenir très précis : il savait par cœur beaucoup de prières, il en récitait pendant longtemps, et bien qu'il priât à voix basse, on devinait qu'il y mettait l'accent.

» Que vous dirai-je de ses rapports avec ses condisciples ? Nous l'aimions tous, il était si serviable et si affectueux ! Sa conversation avait de l'entrain ; quand il riait, ce qui lui arrivait souvent, c'était de tout son cœur. J'ai passé avec lui de délicieuses récréations, notamment à Issy, les jours de promenade. Avec quelle grâce charmante il acceptait les plaisanteries et même les petites taquineries, sachant au besoin se défendre et riposter avec succès. Nous l'aimions tant que, contrairement à l'usage du séminaire, qui veut qu'on donne à chacun le qualificatif respectueux de *monsieur*, nous l'appelions de son petit nom, nous disions *Maxime*, comme s'il avait été notre vrai frère à tous.

» Tel est à peu près le séminariste, studieux, pieux, aimable, que j'ai connu à St-Sulpice.

» Ce qui m'avait surtout lié avec lui, c'était notre collaboration aux catéchismes de la paroisse ; pendant deux ou trois ans nous avons été ensemble au catéchisme de persévérance des filles et au catéchisme de semaine, immédiatement préparatoire à la première communion. Nous y mettions tout notre savoir, mais surtout tout notre cœur. La persévérance comptait près de cinq cents jeunes filles appartenant aux meilleures familles, il y fallait une grande réserve dans les rapports, de la solidité dans la doctrine et un certain talent de parole; nos condisciples étaient des juges délicats, et quelquefois sévères. Eh bien, l'abbé de Saint-Exupéry non-seulement n'a jamais eu un échec, mais encore il obtenait un réel succès; on tenait sa piété en très grande considération, on aimait ses instructions méthodiques et bien divisées, on aimait davantage encore ses homélies parfois chaleureuses, toujours très pratiques; sa tenue en chaire était pleine d'aisance, sa voix douce et sympathique; il parlait vraiment bien. Et puis, aux jours de fête, il fallait voir comme il s'intéressait à tout : aux communions générales, à la décoration et au luminaire de l'autel, aux dialogues des enfants, à toutes les cérémonies.

» Mais c'était surtout aux catéchismes de semaine, lorsqu'il s'agissait de préparer les enfants à la première communion, que son cœur se révélait. Dans nos petits conseils de catéchistes, il nous signalait telle ou telle enfant dissipée, pour la recommander à nos prières, ou bien il se plaisait à préconiser l'angélique piété d'une autre. Je me souviens que, dépouillant un jour d'été, pendant une promenade, à Issy, les notes d'un examen pour assigner à chaque enfant une place, selon son savoir et sa conduite, je fus particulièrement édifié des vues de foi qu'il apportait à ce travail assez fastidieux. Dans mon long ministère, à Paris, j'ai eu souvent l'occasion de rencontrer beaucoup de ces jeunes personnes devenues épouses et mères de familles ; en toutes, quand je nommais l'abbé de Saint-Exupéry, j'ai trouvé un vivant souvenir de respect et de reconnaissance.

» Nous nous sommes quittés sur le seuil du séminaire. Quand je l'ai revu, j'étais évêque de Limoges, lui vicaire général de Périgueux. J'ai été confus de l'inégalité de nos positions. Les années n'avaient point refroidi son zèle ardent, le travail administratif n'avait point desséché son excellent cœur. Je le retrouvai bon, confiant, abandonné, d'une piété angélique ; ses précieuses qualités avaient mûri et empruntaient à l'âge une douce et sereine gravité qui s'imposait au respect.

» Il n'est plus avec nous, mais il nous aimera toujours ; et nous, nous garderons précieusement le souvenir de notre cher et vénérable ami, et ce souvenir nous aidera à être, comme lui, pieux, bons, aimables et dévoués à la sainte Eglise.

» Priez pour moi, cher Père, et croyez à mon affectueux respect.

» ALFRED,
» *Évêque de Limoges.* »

Comme ces pages sont belles et nettes ! Quelle douce lumière elles répandent sur la physionomie si pure de l'abbé de Saint-Exupéry! Que l'auguste prélat nous permette de le remercier au nom des amis du vénéré défunt qui viendront à les lire, et pour qui elles seront une vraie joie, peut-être, sur certains points, une sorte de révélation. Quant à présent, tirons-en, au point de vue de cette notice, la conclusion évidente, que Maxime de Saint-Exupéry fut à Saint-Sulpice un parfait séminariste, et qu'il mérite que nous le présentions comme un modèle aux jeunes gens qui se destinent à la carrière ecclésiastique.

VII

Nous pouvons nous former l'idée d'un bon séminariste par celle que nous avons d'un bon prêtre. Le séminaire étant, en effet, la préparation et l'acheminement au sacerdoce, il faut qu'il y ait entre le séminariste et le prêtre la même relation qu'entre la semence et la plante, la fleur et son fruit : le séminariste, disait poétiquement Monseigneur Berteaud, est un prêtre en fleur. Il faut donc que les qualités de l'un soient le commencement et l'ébauche des qualités de l'autre. Or, le prêtre paraît complet, s'il réunit en lui la piété, le zèle et la science : la piété qui l'unit à Dieu, source de tout bien, le zèle qui l'incline à donner aux autres ce qu'il reçoit de Dieu, et la science sacrée qui lui en fournit le moyen.

Mais, n'est-ce pas ce que la belle lettre que nous venons de lire nous montre dans l'abbé de Saint-Exupéry ? Il était pieux, studieux et intelligent, plein de goût et d'aptitude pour le catéchisme qui est le pain des jeunes âmes, pour les instructions et les homélies qui sont la nourriture des âmes plus formées.

L'abbé de Saint-Exupéry nous dit la même chose dans un langage qui ne compromet pas sa modestie. Il avait le culte des bons souvenirs ; il a gardé avec un soin pieux toutes ses notes de Saint-Sulpice. C'est là que nous allons l'étudier.

Ses cahiers de théologie dogmatique sont peut-être, dans leur genre, la partie la plus remarquable de ces précieux écrits. Dans notre vie d'élève et de professeur, nous avons rarement rencontré des rédigés aussi parfaits que ceux-ci. La doctrine en est pleine, exacte et nette ; le lien qui rattache les traités l'un à l'autre y est parfaitement indiqué, les termes abstraits et philosophiques expliqués avec clarté et parfois avec profondeur, les thèses toujours bien posées, les textes bien choisis, et, quand il en est besoin, mis en relief par un raisonnement court et serré comme il convient à un résumé. Nous avons lu avec un particulier plaisir qui nous a entraîné jusqu'au bout le traité de la Trinité que l'on sait être très difficile, et nous avouons que nous y avons trouvé lumière sur plusieurs points très obscurs.

Au reste, si l'on considère que les leçons de morale et celles d'Ecriture-Sainte sont relevées avec le même soin, que tout cet ensemble est sans inégalité et sans lacune, quoique fait peu à peu et jour par jour, ce n'est plus seulement l'élève intelligent qu'on admire, mais encore le séminariste consciencieux dont la fidélité, pendant plus de trois années, n'a rien négligé et ne s'est pas démentie un instant.

La même observation ressort de tous ses écrits. Ses cahiers de catéchisme, catéchisme de persévérance, catéchisme de semaine et de première communion, sont avant tout une œuvre de devoir. L'abbé de Saint-Exupéry n'aborde jamais ce ministère important et délicat, sans une sérieuse préparation écrite. On sent d'ailleurs qu'il aime ces âmes d'enfants. Le catéchiste prime chez lui le théologien et le littérateur. Il met au service du premier toute la facilité et la science des deux autres. Même à l'heure où il écrit théologie, il songe à la manière de la dire en catéchisme. Témoins les remarques, les formules, les comparaisons familières qu'il a soin de consigner dans ses cahiers dogmatiques, en face des thèses dont l'expression ou la doctrine lui paraissent trop relevées pour des enfants.

Qu'on nous permette de donner un exemple, pris au hasard, de la manière simple, claire et aisée de notre catéchiste. Si on n'oublie pas que ces explications écrites ne sont que des notes, rédigées sans doute avec beaucoup de soin, mais destinées à aider la parole et à être étendues ou resserrées par elle selon le besoin du jeune auditoire, on n'en pourra méconnaître le mérite réel. C'est un extrait de sa leçon sur *la grâce :*

« Qu'est-ce que la grâce ? — La grâce nous

est-elle nécessaire ? — Combien y a-t-il de sortes de grâces ?

» Première question : Qu'est-ce que la grâce ?

» Réponse : La grâce est un secours surnaturel que Dieu nous accorde par sa pure bonté, en vue des mérites de Notre-Seigneur Jésus-Christ, pour obtenir la vie éternelle.

» 1° C'est *un secours*, c'est-à-dire un soutien, un aide, un appui que Dieu nous donne ; de nous-mêmes nous ne pouvons rien, pas même avoir une bonne pensée, encore moins faire une bonne action dans l'ordre du salut ; il faut que quelqu'un nous aide, nous soutienne, et c'est ce que Dieu fait, en nous donnant ce secours que nous nommons la grâce. Ainsi, un petit enfant a besoin d'un secours, d'un appui pour marcher, et sa mère lui donne la main ; un enfant a besoin d'un secours pour porter un lourd fardeau, et son père le lui donne en l'aidant à soulever ce fardeau. C'est ainsi que nous, qui sommes de faibles enfants dans la vertu, avons besoin de secours, d'appui pour faire le bien, et le bon Dieu nous le donne par la grâce. Ceci, je crois, peut vous faire comprendre ce que nous entendons quand nous disons que la grâce est un secours.

» 2° *Surnaturel*, c'est-à-dire au-dessus de notre nature ; ce secours, mes enfants, nous est donné pour les choses du ciel qui sont tout-à-fait au-dessus de nos forces et même de nos pensées. C'est ce qui distingue la grâce proprement dite du secours purement naturel, tels que sont la santé, la force, l'esprit, la science et les autres avantages semblables ; ces dons sont simplement naturels, parce que par eux-mêmes ils ne se rapportent pas immédiatement au ciel, mais à la vie du temps, et que Dieu les donne souvent aux méchants plus qu'aux bons. Ce sont toutefois en un sens vrai des grâces de Dieu, parce qu'ils sont un don de sa main, et qu'il les distribue comme il l'entend. Mais ils ne sont pas la grâce dont je vous instruis. La grâce dont je vous instruis en ce moment, c'est cette grâce surnaturelle qui nous est donnée pour marcher dans la voie des commandements de Dieu, pratiquer la vertu et par là arriver au ciel.

» 3° *Par sa pure bonté*. Oui, mes chers enfants, Dieu ne nous doit rien ; il est le maître de nous accorder ou non ce qu'il veut bien nous donner ; nous ne le méritons pas et nous ne pouvons le mériter par nous-mêmes ; et, si ce secours que Dieu nous donne pouvait être mérité par nos œuvres, ce ne serait plus une grâce. Retenez donc bien que la grâce ne nous est nullement due, que Dieu nous la donne parce qu'il le veut bien. Mais rappelez-vous en même temps que ce Dieu est si bon, qu'il ne nous la refuse jamais dans le besoin, et que toujours il nous accorde une grâce au moins suffisante pour faire le bien, et plus que suffisante si nous le prions avec ferveur et le servons avec fidélité.

» 4° *Par Jésus-Christ.* Oui, mes enfants, comme je vous le disais, nous sommes incapables de mériter ce secours par nous-mêmes, et si Dieu nous l'accorde, c'est en vue de la Passion et de la mort de son divin Fils qui nous l'ont mérité.

» 5° *Pour arriver au ciel.* Ce qui vous montre le prix de la grâce et combien il importe de profiter de celles que le bon Dieu vous donne, en résistant au mal et en faisant le bien, parce que, comme je vous le disais en commençant, ce secours que nous nommons la grâce est un secours surnaturel qui vient du ciel pour les choses du ciel ; ainsi, pour pratiquer telle vertu, éviter tel péché, vaincre telle tentation, fuir telle occasion de péché, en un mot, pour faire tout ce qui se rapporte au salut de notre âme. Voilà, mes enfants, ce que c'est que la grâce, ce secours, ce don surnaturel que vous demandez dans vos prières quand vous dites : mon Dieu, faites-moi telle grâce, la grâce de bien faire ma première communion...

» Maintenant, en quoi consiste ce secours ?

» Réponse : En ce que Dieu éclaire notre esprit, touche notre cœur, et fortifie notre volonté. D'abord, *il éclaire notre esprit*, c'est-à-dire qu'il nous fait connaître ce que nous devons faire ; ensuite il *touche notre cœur*, c'est-à-dire qu'il nous donne du penchant, de la bonne volonté, du goût, un attrait, pour nous faire vouloir le bien qu'il nous montre ; enfin, il nous donne *de la force* pour nous aider à l'accomplir. Ainsi, voyez une mère qui veut conduire son enfant dans les ténèbres ; d'abord elle prend un flambeau pour éclairer ses pas : voilà la lumière ; ensuite elle le tire par la main : voilà l'attrait, le mouvement ; enfin elle le soutient tandis qu'il marche : voilà la force. Et c'est ce que fait Dieu à notre égard, car nous sommes remplis d'ignorance et de faiblesse ; il éclaire notre esprit en nous montrant le bien, il remue notre cœur pour le vouloir, il fortifie notre volonté pour le faire ; par exemple, s'agit-il de remplir un devoir commandé, comme d'assister à la messe le dimanche? là-dessus, Dieu vous éclaire par la grâce en vous disant : mon enfant, il faut obéir à cette loi de l'Eglise : voilà une lumière, une connaissance qui vous est donnée de ce devoir ; outre cela, Dieu vous met au cœur une inspiration secrète, un mouvement qui vous dit : oui, fais cela : voilà le mouvement du cœur ; puis Dieu vous aide à faire tout ce qu'il vous a demandé : voilà la force ; toutes ces assistances de Dieu sont la grâce, avec laquelle vous pouvez librement faire le bien et éviter le mal... »

Nous arrêtons là notre citation malgré le plaisir que nous aurions à la pousser jusqu'au bout. Elle a pu paraître déjà un peu longue à quelques-uns de nos lecteurs, elle ne l'est pas pour ceux à qui nous la destinons. Le désir de leur être utile nous demandait cette étendue, sans laquelle notre but était manqué; il nous impose cette brièveté, sans laquelle nous ne pourrions donner à certains écrits de l'abbé de Saint-Exupéry, qui ne sont ni moins instructifs, ni moins intéressants, la place qu'ils méritent.

Nous serons plus courts encore à l'endroit des homélies et des instructions du séminariste, nous promettant de nous dédommager quand nous parlerons des sermons du prêtre. Pour le moment, c'est un vrai sacrifice après ce qui nous en a été dit. Nous avons compris, en les lisant, la satisfaction qu'on avait à les entendre, et le bien qu'elles devaient faire. On y retrouve les qualités d'esprit de l'abbé de Saint-Exupéry, de la solidité dans la doctrine, de la suite, de l'abandon, une lucidité parfaite dans le développement. Mais rien ne nous y charme comme la simplicité avec laquelle il descend à ces intelligences d'enfants, les met en garde contre leurs petits défauts, et leur inspire les bonnes pratiques de leur âge. Nous nous arrêtons, sans choix, à l'instruction la plus présente à notre mémoire; à celle que nous venons de lire immédiatement avant d'écrire ces lignes. Elle est sur *la vraie dévotion*. Après avoir écarté les fausses idées qu'on peut s'en former dans le petit monde auquel il parle, l'orateur l'a fait consister avec saint François de Sales et le Combat spirituel « en cette générosité de cœur, qui nous porte à remplir promptement et sans exception tous les commandements de Dieu et de l'Église, et à nous acquitter de même de tous nos devoirs envers Dieu, envers le prochain, envers nous-mêmes. » Puis il en explique les principaux caractères qui sont, qu'elle soit intérieure, pleine de simplicité, et généreuse ; enfin, il indique quelques pratiques substantielles très propres à l'entretenir dans les âmes; ce sont les prières du matin et du soir, la confession au moins mensuelle, l'examen quotidien de sa conscience, et la dévotion envers la Sainte-Vierge. On entrevoit combien son fond est riche et sûr. Mais prenons un de ces points, et voyons de quelle manière simple et naturelle il l'expose :

« 2° Qu'elle soit pleine de simplicité. La vraie piété, mes enfants, marche par la voie simple et commune ; elle a horreur de la singularité, craignant toujours qu'on ne la remarque et qu'on ne la distingue ; son attrait est de se confondre et de se cacher au milieu des autres... En un mot, faire comme les personnes vraiment et solidement pieuses, le faire sans affectation, voilà la vraie dévotion. Vous verrez peut-être, mes enfants, des personnes dans le monde s'écarter beaucoup de cette simplicité aimable ; vous les verrez, par exemple, affecter en quelque sorte d'avoir à l'église certaines places distinctives. On les remarque toujours quand elles prient ; voyez combien leur extérieur est étudié, gêné ; elles font extérieurement beaucoup de signes de piété, et elles croient devoir exprimer fortement au dehors les sentiments que je suppose qu'elles ont au fond du cœur. Nous devons, mes enfants, dans notre piété, aller plus simplement. A Dieu ne plaise toutefois, et remarquez bien ceci, mes enfants, que nous voulions blâmer ces personnes ; le monde a bien souvent jeté très-mal-à-propos sur elles un ridicule qu'elles ne méritaient pas, en leur donnant comme par dérision le nom de dévotes. C'est là une injustice dont nous ne devons pas nous rendre coupables. Ces personnes sont dans l'erreur ; mais à côté de cela, que de choses bonnes il y a en elles. Louons et imitons ces bonnes choses, mais évitons leur erreur, sans nous donner le droit de la juger qui n'appartient qu'à Dieu. Tâchons, puisque nous savons ce que nous devons faire, d'apporter une grande simplicité dans notre piété ; soyons modestes et recueillis quand nous prions, mais soyons-le sans affectation et sans recherche. Agissons de même en toute œuvre chrétienne, unissant la fidélité qui fait ce que Dieu commande, et la simplicité qui le fait d'une manière toute naturelle, toute unie et, en quelque sorte, toute effacée. »

Avouons qu'il est difficile de prêcher d'exemple la simplicité, la bonne simplicité, mieux que ne le fait notre séminariste par la façon même dont il en parle.

Nous voici aux notes spirituelles de l'abbé de Saint-Exupéry. On comprendra que nous n'usions pas de la même briéveté à leur égard. Elles sont la peinture la plus fidèle de son âme pieuse; car il les écrivait aux pieds de Dieu, et sous la forme d'un colloque adressé à Dieu même. Il lui parle avec une simplicité et une effusion charmantes, il lui raconte ses émotions, ses joies, ses craintes. Ses craintes ; car sa conscience délicate l'était parfois jusqu'à la crainte, je devrais dire peut-être jusqu'à l'inquiétude. Il ne se rassure pas contre le sentiment de sa faiblesse ; il a peur de garder toujours quelque chose de lui-même ; il se demande s'il n'aime pas autre chose que Dieu, — s'il n'aime pas trop sa famille. Elle est pourtant si chrétienne ! Mais, ne se mêle-t-il pas quelque ombre terrestre à ce motif si pur ? Dans ses alarmes, il a un double refuge : son obéissance à la parole de son confesseur et sa confiance en la Très-Sainte-Vierge. Celle-ci est particulièrement touchante. Il se jette entre les bras de

Marie comme un enfant ; il lui dit qu'elle est sa mère ; il lui rappelle ses bienfaits passés ; il lui proteste qu'il ne craint plus rien grâce à elle.

Ouvrons ses feuilles d'ordination qui sont la partie la plus considérable et la plus précieuse de ce trésor spirituel. On y voit comment, à mesure que l'Eglise le fait monter en dignité, son âme monte et grandit en vertu. Ainsi que le psalmiste le dit de l'homme juste, il a disposé dans les désirs de son cœur des degrés d'ascension, il rêve d'aller de vertu en vertu ; il dit tous les jours avec saint Stanislas, *ad majora natus sum*. Écoutons avec quelle ardeur déjà, dès le point de départ, au jour même de sa tonsure, il s'adresse à Dieu :

« Il est donc fait ce premier pas dans la sainte carrière de l'état ecclésiastique. Vous m'avez appelé, ô mon Dieu, et je vous ai répondu : me voici, *ecce ego, quia vocasti me*. C'en est fait, je vous ai obéi, je suis engagé pour toujours. Oui, quoique mes liens ne soient pas encore indissolubles, je le dis avec confiance, je suis engagé pour toujours au service de vos autels. O beau jour, où j'ai pris mon Dieu pour mon partage ! Vous le savez, mon Dieu, je crois m'être donné de grand cœur à vous, je crois ne m'être rien réservé... »

Et ici commence une longue énumération des dons qu'il a offerts à Dieu. En réalité, il n'a rien gardé. Il lui a donné et il lui donne encore sa mémoire, son intelligence, sa volonté, ses talents, pour qu'il daigne les employer à son service ; ces péchés si nombreux, dit-il, qu'il a commis depuis le premier usage de sa raison, pour qu'il les consume par le feu de la charité ; le peu de bien qu'il a fait, pour qu'il en reçoive seul toute gloire ; ses bons désirs, pour qu'il les bénisse ; sa jeunesse et sa vie toute entière, pour qu'elles soient saintes ; sa mort, pour qu'elle ressemble à la mort du juste. Son offrande a été acceptée ; il l'a compris à cette voix intérieure de Dieu qui pénètre l'âme d'un bonheur tout céleste. Il ajoute :

« Oh ! vous le savez, mon Dieu, quelle douce, quelle touchante joie j'ai éprouvée, lorsqu'ayant prononcé entre les mains du pontife les promesses de ma consécration cléricale, j'ai pu vous dire, ô mon Dieu, que j'étais tout à vous !

Comme j'ai goûté qu'il était doux de se consacrer sans réserve, sans retard, à tout jamais, à votre service et à votre gloire. »

Descendant alors de cette consécration générale aux dons particuliers qui la constituent, il promet à Dieu de s'adonner à la pratique du détachement et de l'esprit de religion. Son détachement, il veut qu'il soit universel. Il le cherchera en tout, dans ce qu'il a de plus cher, même dans ce qu'il lui est le plus permis d'aimer, sachant que la nature est industrieuse à se glisser jusque dans les affections les plus légitimes. Écoutons les délicatesses de son sacrifice :

« Détachement de mes études, auxquelles je me livre d'une manière trop naturelle, et que je ne veux plus faire que pour vous, ô mon Dieu, et pour me rendre capable de travailler un jour à vous sauver des âmes ; — détachement de mes parents ; je vous fais l'entier sacrifice des douceurs que j'aurais pu trouver à vivre auprès de ces parents si vertueux que vous m'avez donnés ; je les ai quittés pour votre amour, je ne veux plus les aimer que pour vous et qu'en vous, et je suis prêt, si vous l'ordonnez, mon Dieu, à me séparer encore plus d'eux, à m'en éloigner sans aucunes bornes que celles que me marquera votre adorable volonté, par l'état qu'elle me désignera dans la sainte carrière où je viens d'entrer ; — détachement de moi-même, de mon propre esprit, de mon propre jugement, de ma propre volonté, les captivant sans relâche sous le joug de l'obéissance la plus aveugle à celui que vous m'avez donné pour guide. Mais ici, ô mon Dieu ! j'ai besoin d'une grâce abondante. O Jésus, obéissant jusqu'à la mort de la croix, accordez-la moi ! O Marie, venez-moi en aide ! »

La vertu de religion, Maxime la veut aussi bien parfaite.

« Oui, mon Dieu, dit-il, il faut qu'entré pour jamais à votre service, mon cœur devienne comme un autel où j'offre sans cesse à votre amour des sacrifices d'adoration, de respect, de reconnaissance, d'actions de grâces et de louanges ; et cet esprit de religion je tâcherai de l'acquérir :

» 1° Par un soin particulier de conserver en

moi un recueillement constant, et de perdre le moins possible votre sainte présence, ô mon Dieu. J'élèverai donc mon cœur vers vous par de fréquentes oraisons jaculatoires, surtout dans les moments de récréations, où ma dissipation m'entraîne, hélas! quelquefois loin de vous. Je ferai aussi de mes allées et venues d'un exercice à l'autre comme autant de petites oraisons, où je vous remercierai de vos bienfaits, où je m'entretiendrai de votre sainte présence en tout lieu, où je m'occuperai surtout du bonheur ineffable que j'ai eu depuis peu ou que j'aurai bientôt de me nourrir une nouvelle fois de votre corps et de votre sang précieux.

» 2° Un second moyen de pratiquer cette vertu de religion, sera de ne rien négliger pour devenir un homme d'oraison. Pour cela, je devrai employer tous mes soins à faire le mieux possible mon oraison de chaque jour, n'omettant rien ni pour la préparation, ni pour le temps même de l'oraison, ni pour la fidélité à me rappeler plusieurs fois durant le jour les résolutions et les bons mouvements que votre grâce, ô mon Dieu, aura mis dans mon cœur... »

Arrivé au bout de ces promesses, l'abbé de Saint-Exupéry se sent tout-à-coup effrayé. La difficulté des engagements qu'il contracte, l'expérience, comme il dit, de sa faiblesse, le souvenir de ses infidélités après tant de résolutions prises, le jettent dans l'épouvante. Que fait-il alors ? Il se tourne vers la Sainte-Vierge ; c'est là, nous l'avons dit, la finale de toutes ses notes ascétiques, le dernier mot de ses effusions pieuses, le terme vers lequel son cœur trop ému de joie ou battu par la tristesse se réfugie toujours. Voici comme il lui parle :

« O Marie, ma tendre mère, vous qui avez tant fait pour moi dans cette ordination, je le reconnais hautement avec actions de grâces, continuez et achevez votre ouvrage. Vous voyez la confiance que m'inspire votre maternelle sollicitude pour vos enfants. Vous savez combien je tiens à ce beau titre. Ma mère, aidez-moi dans le combat que j'entreprends pour arriver au bonheur d'être un saint prêtre ; soyez toujours à mes côtés dans mes tentations; que je meure, ô Marie! plutôt que d'y succomber une seule fois. Et puis, ô mère qui ne vous lassez jamais de faire du bien, allumez dans mon cœur un amour vrai de mon Dieu qui me consume à chaque instant du jour. Bénissez, en un mot, les résolutions que je viens de former et que je vous offre aujourd'hui. Oh! j'espère tout de votre protection puissante; j'abandonne entre vos mains ce pauvre cœur qui n'est plus à moi, pour que vous le rendiez conforme au cœur de votre adorable fils. Je vous conjure de ne pas détourner un seul instant de la vue de ma misère le regard de votre miséricorde; sous ce regard je me sens consolé, fortifié, capable de glorifier mieux désormais le Dieu si bon qui vient de m'appeler à son service. »

C'est avec cet abandon filial, cette naïveté touchante que le nouveau clerc invoquait la Sainte-Vierge. Quand on sait la prier ainsi, oh! il n'est rien qu'on n'obtienne de son cœur. N'en doutons pas, elle étendit sa main maternelle sur son enfant, et elle l'aida à marcher d'un pas ferme dans la route étroite où il entrait si généreusement en se confiant en elle.

Ses notes des ordres mineurs répètent, pour les confirmer, les sentiments si beaux et les résolutions déjà si difficiles du jour de sa tonsure.

La première page de ses impressions du sous-diaconat est un chant de joie, un hymne de reconnaissance, un véritable hosanna :

« Il est donc arrivé, ô mon Dieu, ce jour, jour le plus beau de ma vie, ce jour bien désiré au milieu de mes peines et de mes craintes. Je suis sous-Diacre, je suis sous-Diacre. Pour jamais, ô mon Dieu, mes liens avec le monde sont brisés ; je suis désormais et pour toujours tout à vous. *Benedic, anima mea, Domino, et omnia quæ intra me sunt nomini sancto ejus. Benedic, anima mea, Domino. Amen.* O mon Dieu, *amen*, mille fois *amen*, sur ce que vous avez fait en moi dans ce grand jour. Je suis sous-Diacre, et j'ai peine encore à me le figurer. Je suis sous-Diacre ; comment avez-vous fait cela en moi, si pauvre et si misérable, ô mon Dieu. Oui, votre main droite a fait des prodiges : *dex-*

tera Domini fecit virtutem, dextera Domini exaltavit me, et ce sera elle qui les continuera : *non moriar, sed vivam, et narrabo opera Domini.* Voilà, ô mon Dieu, le sentiment de joie et de confiance que vous avez bien voulu mettre dans mon âme en cet heureux moment. *Amen. Amen. Benedic, anima mea, Domino, et omnia quæ intra me sunt nomini sancto ejus.* »

La pensée de son indignité jette bien au milieu de cette joie un sentiment de tristesse ; mais il se rassure bientôt en se rappelant qu'il n'a fait qu'obéir :

« Celui que vous m'avez donné pour guide, ô mon Dieu, a commandé ; j'ai obéi. L'obéissance m'a fait faire ce que je n'eusse jamais fait sans elle. Oh ! soyez béni, mon Dieu, vous qui m'avez ainsi conduit ! »

Il était en effet dans la voie où l'on trouve immanquablement Dieu pour conducteur, la voie de l'humilité et de la soumission. C'est par elle qu'il avait voulu entrer au séminaire, c'est par elle qu'il arrivera de degré en degré jusqu'au sacerdoce, se ressouvenant de la parole de notre Seigneur : « C'est moi qui vous ai choisis, » et de celle de l'apôtre : « Que nul ne s'arroge une pareille dignité, à moins qu'il n'y soit appelé par Dieu comme Aaron. » Au reste, toute sa vie il aimera l'obéissance, il la regardera comme sa part la meilleure, et il l'observera scrupuleusement en toutes choses.

Au jour de son diaconat, une pensée l'occupe surtout. Elle revient sans cesse pendant la cérémonie et pendant le jour ; « je ne suis qu'à un pas du sacerdoce. Dans un an, je serai prêtre, prêtre pour toujours... Je veux être un bon prêtre ! Mon Dieu, donnez-moi d'être un bon prêtre ! O Marie, que je sois un prêtre selon le cœur de Dieu ! »

Cette pensée ne le quitte plus ; elle le prépare à la venue du grand jour. On devine ce que ce jour fut pour lui, ce que dut lui apporter d'émotions l'heure de son ordination sacerdotale. Il en rend compte à Dieu selon sa coutume. Comme les paroles de la sainte Eglise et les rites qu'elle emploie dans cette auguste cérémonie ont successivement frappé son âme si attentive à la voix divine ! Quelles graves et saintes pensées elles ont fait pénétrer au fond de son cœur si ouvert à la grâce! Suivons-le quelques instants.

« Tout-à-coup, dit-il, la voix de l'Eglise se fit entendre aussi pour nous ; elle nous commandait de tomber une dernière fois sur le pavé du temple. Elle voulait que, prêtre tout-à-l'heure de Jésus-Christ, nous fussions, avant de recevoir ce caractère sacré, morts entièrement au monde, morts à nous-mêmes. Elle voulait que cette prostration dernière achevât, perfectionnât, réparât ce que deux prostrations antérieures avaient commencé. Et il me semblait que c'était là aussi le vœu le plus ardent de mon cœur. Oui, prosterné pour cette dernière fois en présence du Seigneur, de bien vifs sentiments traversaient mon âme. Je regrettais ces jours de mon séminaire où je n'avais peut-être pas toujours fait pour ma perfection tout ce que j'aurais dû faire. Je conjurais le Seigneur de me faire mourir sur ce pavé du temple où j'étais étendu, si je ne devais pas être un saint prêtre en son Eglise... Je m'offrais à mon Sauveur comme victime désormais de son bon plaisir, et dans l'esprit le plus entier que je pouvais de sacrifice. Je songeais aussi à cette prostration suprême où mon corps serait étendu sur le pavé du sanctuaire, mais froid et inanimé, tandis que mon âme aurait été rendre compte à mon juge du sacerdoce que j'allais recevoir. Ah ! quelles étaient sérieuses ces réflexions, et pourquoi faut-il, ô mon Dieu ! qu'il soit si court ce temps d'une prostration, surtout d'une prostration dernière, où l'on aurait tant de choses à vous dire, tant de sentiments à vous exprimer, tant de demandes à vous faire ! Oh ! oui, vous avez entendu alors les désirs de mon cœur, et, lorsque le pontife, se relevant et se tournant vers nous, nous bénissait, vous m'avez béni, mon Dieu, et bien abondamment ; car j'allais être votre prêtre. Si souvent et avec tant de ferveur, ce me semble, je vous avais demandé d'être un saint prêtre, que vous n'aurez pu rejeter ma prière. »

Quels sentiments d'humilité éveille en l'âme de l'abbé de Saint-Exupéry ce sublime dialogue où l'archidiacre, après avoir présenté au nom de l'Eglise les nouveaux ordinants, répond à l'évêque, qui l'interroge sur leur mérite, qu'autant que la fragilité humaine peut le connaître, il sait, il atteste qu'ils sont dignes de porter l'honneur du sacerdoce.

« Comme je me frappais en esprit, dit-il, la poitrine avec le publicain, et répétais du fond du cœur : *Domine, non sum dignus!...* Et lorsque le pontife répondait, d'une manière si touchante : *Deo gratias*, à l'assurance qu'on lui donnait de mon apparente dignité, oh ! me disais-je alors, mon Dieu, mon Dieu, devrait-il, le saint pontife, rendre grâces au Seigneur de ma promotion au sacerdoce ? Mon Dieu, mon Dieu, faites que jamais la sainte Eglise et moi-même nous n'ayons que d'immortelles actions de grâces à vous rendre pour la dignité dont vous voulez me revêtir. »

Mais voici venir le moment solennel entre tous, celui où la vertu du Saint-Esprit, invoqué par l'évêque et par tout le collége sacerdotal, descend sur les nouveaux élus, et opère dans leur âme l'ineffable transfiguration qui les fait prêtres. L'évêque le premier impose les mains à chacun d'eux.

« Oh ! que le cœur d'un pauvre séminariste

bat fort à cet instant si court et si plein d'admirables mystères, nous dit l'abbé de Saint-Exupéry ! Comme alors j'implorais dans toute la ferveur de mon âme la grâce d'en haut ! Comme il me semblait que je dilatais mon pauvre cœur pour la recevoir dans toute sa plénitude ! Comme je m'offrais de nouveau en esprit de sacrifice au Seigneur qui m'avait appelé à cette sublime dignité : *Ecce ancilla Domini, fiat mihi secundum verbum tuum*. Et lorsque les mains du pontife eurent passé sur ma tête, lorsque s'y furent reposées celles de tant de prêtres, mes pères jusque là, mes frères désormais, lorsque je me sentis sous tant de mains un instant réunies, il me sembla alors recevoir tout le poids du sacerdoce ; il me sembla le voir tomber comme un fardeau sur mes épaules ; l'immense responsabilité que j'avais embrassée se présenta à moi ; je fus quelques instants comme atterré. Il fallut me rappeler que c'était mon Dieu qui m'avait appelé ; je le lui dis avec amour, je m'abandonnai entre ses bras... Oh ! alors que de consolations vous voulûtes accorder à votre pauvre enfant ! Quelles étaient douces les larmes qui s'échappaient de mes yeux, quelles étaient bonnes ces pensées qui remplissaient mon âme : je ne suis plus à moi, je suis maintenant tout à mon Dieu, je suis prêtre, prêtre pour l'éternité... »

L'abbé de Saint-Exupéry continue ainsi jusqu'à la fin à suivre et à goûter les prières de la sainte liturgie.

Avec quel amour il salua le lendemain, avant l'aurore, le jour bienheureux et immortel, comme il l'appelle, de sa première messe ! Il monta au saint autel, le cœur enivré des premières joies sacerdotales, auxquelles la Providence avait daigné mettre le comble par deux précieuses faveurs. La première était la bénédiction que venaient de lui envoyer son père et sa mère. Comme les fils des anciens patriarches, il savait que cette bénédiction est d'une grande efficacité devant Dieu, et il n'avait pas voulu s'approcher de lui comme prêtre pour la première fois, sans en être paré et protégé. Le marquis et la marquise de Saint-Exupéry avaient été singulièrement édifiés de ce respect filial et de cette foi chrétienne.

La seconde faveur fut de se voir entouré de la présence et des prières de ces chères enfants dont il avait été le catéchiste et comme le père spirituel. Il amassait donc sur sa tête en cet auguste moment et la bénédiction de ses pères selon la chair, et les bénédictions de ses enfants selon l'esprit. Il adressa à celles-ci avant la sainte messe quelques paroles touchantes, leur continuant ainsi le don des anciens jours ; il leur distribua à la communion le don des jours nouveaux qui commençaient pour lui, l'Eucharistie du corps et du sang de Jésus-Christ.

Il y eut encore quelque tristesse au milieu de ce bonheur. Elle est trop à la louange de l'abbé de Saint-Exupéry et de ses maîtres, pour n'en point parler ; ou plutôt il va nous en parler lui-même :

« Pourquoi faut-il qu'une pensée pénible se présente ici à mon esprit. Ce sacerdoce divin dont je suis honoré est le signal pour moi du départ de ce précieux asile, où vous avez formé, mon Dieu, mon enfance cléricale. Oh ! pourquoi donc faut-il le quitter si tôt, ce bien-aimé séjour où, loin des dangers et du bruit du monde, j'ai passé des jours si heureux, où j'ai reçu de si saints et de si paternels conseils, où la pratique de la vertu et de la perfection ecclésiastiques était si facile, où j'ai été comblé de tant de bénédictions et de grâces du ciel. O Saint-Sulpice, Saint-Sulpice, que ma main droite se dessèche, que ma langue s'attache à mon palais, si jamais je t'oublie, si je cesse jamais de te louer et de te bénir! J'arrivais, il n'y a guère plus de trois années, dans cette sainte retraite, plein des idées et des maximes du monde, et j'en sors aujourd'hui revêtu du sacerdoce de Jésus-Christ; j'en sors, sinon orné de toutes les vertus que j'aurais dû y acquérir, du moins avec le désir, ce me semble, de bien faire, avec la résolution de travailler tous les jours de ma vie, en quelque position que Dieu me place, à retracer dans toute ma conduite ces instructions et ces enseignements qui m'y ont été prodigués. »

L'abbé de Saint-Exupéry ne quitta pourtant pas Saint-Sulpice immédiatement après son ordination. Il y resta encore quelques mois, qu'il employa à l'étude du droit canon. Ce temps lui fut utile aussi pour préparer l'avenir et tracer d'avance les grandes lignes de son règlement de vie. Tout ce qui peut être prévu et fixé à distance, et dans l'ignorance où l'on est de ce qu'on sera appelé à faire, le fut. Exercices spirituels de chaque jour, récollection de chaque mois, retraites annuelles ; distribution générale du temps et choix des études ; rapports avec les supérieurs, avec les confrères, avec les parents ; manière d'être avec les personnes employées dans la maison, avec les personnes du dehors, etc., rien ne fut oublié. Après avoir été pendant tout son séminaire l'homme fervent et fidèle, Maxime ne voulait pas le quitter sans être l'homme prudent : *Vir fidelis et prudens*. Il pouvait aller au ministère des âmes ; pieux, intelligent, défiant de lui-même, il avait ce qu'il faut pour les sanctifier, sans compromettre la sienne.

VIII

Monseigneur Gousset, voulant fixer l'abbé de Saint-Exupéry à Périgueux, dans la ville épiscopale, le nomma aumônier du pensionnat de la Visitation. C'est le jour même de la Visitation de la Sainte-Vierge, 2 juillet 1839, qu'il inaugura ce pieux apostolat qui allait parfaitement à ses goûts; et, ce qui fut pour son cœur une joie de plus, il eut à le commencer par des catéchismes de première communion. Il débuta en ces termes devant son nouvel auditoire :

« *Auspice Maria*, sous les auspices de Marie.

» Oui, mes chères enfants, sous les auspices et la protection de notre Mère, ce petit ministère qu'elle m'envoie commencer parmi vous ; sous les auspices de Marie, cette première communion, ce renouvellement de première communion, qui se préparent ; sous les auspices de Marie, toutes les instructions, tous les avis, tous les conseils que je viens vous donner ; sous les auspices de Marie, et nos désirs, et nos espérances, et nos craintes aussi, s'il en était quelques-unes que notre cœur ressentît en commençant parmi vous cette mission si sérieuse que le ciel nous a confiée. Tout sous les auspices de Marie, et nous-même, et vous-mêmes. Voilà, mes chères enfants, le sentiment qui nous anime tout entier en arrivant pour vous annoncer la parole du Seigneur, et cette grande nouvelle de l'approche du plus beau jour de votre vie. »

On le voit, du premier coup, l'abbé de Saint-Exupéry entrait pleinement dans son œuvre; les précieuses qualités dont il était orné en assuraient d'avance le succès. Nous lisons dans les *Souvenirs* de la Visitation que « dès l'abord, trois grands traits caractérisèrent et firent aimer le nouvel aumônier : 1° sa ravissante bonté, si simple, si gaie ; 2° sa dévotion à la Sainte-Vierge, que nous avons déjà eu l'occasion de mentionner plusieurs fois ; 3° sa charité, que nous mentionnerons souvent dans la suite, une charité qui ne savait ni penser du mal ni en dire du prochain, et qui livrait à tous ceux qui en avaient besoin les trésors de son cœur, de sa bourse et de son zèle sacerdotal. » Il commençait donc par gagner les cœurs pour arriver à faire la conquête des âmes. C'est l'ordre établi par Notre-Seigneur, quand il a dit aux ministres de l'Évangile : « Que votre lumière luise aux yeux des hommes, afin qu'ils voient vos œuvres et qu'ils glorifient votre Père qui est dans les cieux. » C'est la marche fidèle que suit l'Eglise dans la conversion des peuples, les attirant tout d'abord par le charme de sa sainteté, avant de les convaincre par l'éclat de sa doctrine.

L'abbé de Saint-Exupéry ne négligeait pourtant pas cette dernière ; car il se souvenait aussi de cet oracle du Saint-Esprit : « Les lèvres du prêtre seront les dépositaires de la science. » Il mettait donc tout son savoir au service et à la portée de ces jeunes intelligences ; il profitait en leur faveur de l'acquit que lui avaient donné les catéchismes de Saint-Sulpice. Il faisait grand usage de ses notes d'alors ; il en avait le droit, et il ne pouvait guère faire mieux. Il nous semble pourtant que sa marche dans les catéchismes de la Visitation est plus variée, plus mouvementée, l'expérience et le tact naturel dont il était doué lui faisant saisir ce qu'il fallait pour un auditoire où se trouvaient mêlés tant d'âges différents. Dans chaque séance, il donnait des avis, expliquait un point de doctrine, et faisait une courte exhortation, distinguant et séparant ces trois parties diverses par des prières et des cantiques qui reposaient l'esprit des enfants. Ses cahiers de préparation, parfaitement rédigés et gardés, nous sont une preuve nouvelle, ne nous lassons pas d'en faire l'observation, qu'il était véritablement le serviteur fidèle qui aurait craint de tenter Dieu et d'être inutile à ces tendres âmes, s'il fût venu à elles sans autre ressource que sa confiance en un travail déjà fait. Il comprenait que la mémoire, si elle n'est pas rafraîchie, la facilité, si elle n'est pas réglée par une étude immédiate, risquent fort de noyer ces esprits jeunes dans le vague, ou de les écraser sous le poids d'une doctrine indigeste.

Notre jeune aumônier consacrait à ces préparations, à la composition écrite de ses instructions et homélies du dimanche, et aux confessions qui étaient le terme et on peut dire le triomphe de son ministère, la plus grande partie de son temps. Le reste, il le gardait pour lui-même. Il l'employait à remplir ses obligations particulières et à vaquer à ses exercices de piété qu'il s'efforçait de faire de son mieux. On a coutume de dire du prêtre qui sait, dans l'entraînement ou la préoccupation des choses extérieures, donner à Dieu et à son âme les instants qui leur appartiennent, qu'il est régulier et fervent comme un séminariste. C'était, et ce fut jusqu'à sa mort, le cas de l'abbé de Saint-Exupéry. Nous ne pensons pas faire d'indiscrétion en disant que sa conscience si délicate n'avait jamais à toucher en cette matière la question des omissions.

Outre ces secours quotidiens, il avait dans l'année certains jours exceptionnels, qu'il passait dans un plus grand recueillement et dans une considération plus attentive de ses devoirs et de sa conduite. C'étaient les jours qui lui rappelaient quelque faveur particulière de Dieu. Il les énumère dans une de ses feuilles spirituelles, que nous transcrivons ici :

« J. M. J.

» MES ANNIVERSAIRES.

» 12 Juillet 1813, saint jour de mon baptême.

» 21 Juin 1826, jour de ma première communion.

» 21 Juin 1826, jour de ma confirmation.

» 8 Décembre 1830, jour de ma réception comme approbaniste dans la congrégation de la Très-Sainte-Vierge au Passage.

» 1er Janvier 1831, jour de ma consécration à ma bonne Mère comme congréganiste dans la même congrégation.

» 11 Octobre 1836, jour de mon entrée au séminaire de Saint-Sulpice (1).

» 20 Mai 1837, jour de ma tonsure.

» 19 Novembre 1837, jour où j'ai annoncé pour la première fois la parole de Dieu aux enfants de la première communion au catéchisme de Saint-Sulpice.

» 23 Décembre 1837, jour de mon ordination aux ordres mineurs.

» 9 Juin 1838, jour bienheureux de mon ordination au sous-diaconat.

» 25 Mai 1839, jour bienheureux de mon ordination au diaconat.

» 21 Décembre 1839, jour bienheureux et immortel de mon ordination au sacerdoce.

» 22 Décembre 1839, jour aussi bienheureux et immortel de ma première messe. »

Comme on découvre, comme on sent sous cette série de dates si simple, et dans ces indi-

(1) Nous devons corriger ici, ne l'ayant point remarquée assez tôt, une erreur de date que nous avons commise à la page 43 en plaçant l'entrée de M. de Saint-Exupéry à Saint-Sulpice au 9 octobre 1835.

cations si courtes, l'esprit de foi et de piété de l'abbé de Saint-Exupéry !

Parfois aussi il se retirait pour quelques jours dans la solitude, et là, libre de toute distraction extérieure, seul avec Dieu et avec son guide spirituel, il s'occupait uniquement des intérêts éternels de son âme. S'il nous était permis de donner le détail des résolutions qui nous sont restées de quelques-unes de ces retraites, on verrait quel fruit il en retirait, et avec quelle précision pratique il y réglait sa vie. Nous pouvons bien dire, sans crainte d'être indiscret, que deux choses surtout préoccupaient sa pensée dans ces heures de recueillement et de saintes inspirations, et que là portait tout l'effort de sa volonté. C'était le combat continuel qu'il devait livrer à son défaut dominant, et la fidélité qu'il devait apporter dans tous ses exercices de piété : oraisons, examens, chapelet, visites au Saint-Sacrement, etc. Voilà bien le chemin de la solide vertu. A l'endroit de ses exercices spirituels, il dit dans une de ses notes : « La pensée de saint Augustin m'a frappé, *tanti vales quanti valet tua oratio*... Donc,

1° je n'omettrai aucun de mes exercices de piété sans une véritable et légitime raison ; 2° j'aurai soin de me recueillir avant de commencer, mettant en pratique l'avis de saint Ignace à ce sujet, *antequam intrem in orationem, quiescat paululum spiritus... considerando quò vadam et ad quid;* 3° durant le cours de la prière, je tiendrai mon cœur doucement uni et présent à Notre-Seigneur, dans le respect, la confiance et l'amour. »

IX

C'est dans une des premières retraites, en janvier ou février 1841, que l'avenir de l'abbé de Saint-Exupéry fut à peu près fixé. Il faisait les exercices de saint Ignace dans la résidence des Pères Jésuites de Bordeaux. Monseigneur George, nouvellement sacré évêque de Périgueux, vint, au moment de se rendre dans sa ville épiscopale, faire visite au Père de Ravignan, supérieur de cette maison. Dans la conversation, il lui demanda s'il ne connaîtrait pas quelque jeune prêtre, pieux, discret et capable, dont il pût faire son secrétaire intime. « Monseigneur, répondit le Père, j'ai juste celui qu'il vous faut. La Providence l'a envoyé ici pour Votre Grandeur. » Le jeune aumônier reçut sur le champ la visite de son évêque. Celui-ci fut frappé de cette parole droite et simple, de cette figure intelligente, de cette physionomie noble et pure, de tout cet extérieur qui disait une âme ouverte, prompte, et ennemie de toute diplomatie. Son choix fut dès lors arrêté.

Peu après, M. de Saint-Exupéry reçut son titre et entra à l'évêché, qu'il ne devait plus quitter qu'à la mort de Monseigneur George. On sait les liens de paternel amour et de noble confiance d'un côté, de dévouement filial et de fidélité inaltérable de l'autre, qui unirent ces deux cœurs. Dieu les avait faits et préparés pour se comprendre et se convenir mutuellement. C'était sous une expression extérieure un peu différente, — plus large, peut-être, plus communicative en Monseigneur George, plus intime et plus timide en M. de Saint-Exupéry, — même délicatesse d'âme, même droiture de caractère, mêmes affections grandes, désintéressées, persévérantes. Leur éducation et leurs traditions de famille étaient les mêmes. Ils avaient eu l'un et l'autre pour instituteurs de leur jeunesse les Pères de la Compagnie et les pieux prêtres de Saint-Sulpice ; et tous les deux gardaient à leurs maîtres une reconnaissance, un attachement qu'ils devaient emporter dans la tombe. Mais le lien principal qui les unissait était un dévouement à l'Eglise romaine et au Vicaire de Jésus-Christ, qu'ils étaient également disposés à pousser jusqu'au bout, et jusqu'à ses dernières conclusions pratiques, comme plus d'un acte le fit voir.

Certes, ce n'a pas été une petite gloire pour l'abbé de Saint-Exupéry d'avoir cadré avec un évêque de la taille de Monseigneur George, et d'avoir pu, après la mort de l'illustre prélat, être regardé par les prêtres et les fidèles comme l'héritier le plus accrédité de ses traditions, et un des restes les plus vénérés de cet épiscopat qui a laissé dans le diocèse de si grands résultats, et dans les cœurs de si beaux souvenirs.

Donc, ces deux existences n'en firent plus qu'une. L'abbé de Saint-Exupéry était l'hôte et le commensal de Monseigneur à l'évêché, son compagnon inséparable dans ses courses, son aide dans ses travaux. C'était l'époque où s'opérait au sein de l'Eglise de France, et se manifestait au dehors, dans son administration et dans son enseignement, ce mouvement d'unité vers le siége de Rome dont le concile du Vatican, quand il aura fini son œuvre, sera regardé comme le terme. Aucun évêque peut-être n'y poussa plus que Monseigneur George. Grâce à Dieu, nous ne commettrons pas la faute de tout lui attribuer dans le diocèse sous ce rapport, et d'ignorer que l'initiative des régularisations et des réformes avait été prise sous son prédécesseur, que le couronnement s'en est fait sous son actuel successeur ; mais nous ne pouvons nier non plus qu'il ne se soit trouvé là, providentiellement, avec les qualités que nous lui connaissons et avec son long épiscopat, pour en prendre la direction et en hâter la marche. — Il faut bien dire que peu d'évêques ont rencontré dans leur entourage cette unité de vues et ces secours qu'on a besoin de sentir tout près de soi, pour avoir le cœur et trouver la force d'entreprendre les grandes choses. Nul ne l'aida, on le sait, comme l'abbé de

Saint-Exupéry. On peut dire qu'il se dépensa plus que personne à ce labeur important et délicat ; il a continué jusqu'à sa mort. En sorte qu'en voyant d'un côté ce qu'il a fait, de l'autre ce qu'est le diocèse, on peut dire que celui-ci doit en partie à M. de Saint-Exupéry l'avantage d'être, dans sa discipline, un des diocèses de France les plus romains.

Il y avait dix ans que l'abbé de Saint-Exupéry était secrétaire, quand Monseigneur George, pour reconnaître ses services, lui offrit un titre vacant de chanoine. Mais l'abbé, qui ne voyait pas la possibilité de concilier le devoir de l'assistance au chœur et de la résidence avec les fonctions qu'il exerçait auprès de Sa Grandeur, la pria de porter son choix sur un autre, aimant mieux sacrifier cette dignité que de se séparer de son évêque. Celui-ci trouva que ce désir répondait trop au sien pour ne pas l'agréer.

Il nous a bien été dit aussi qu'un archiprêtré lui avait été offert dans une autre circonstance. Il n'en est rien, paraît-il ; et, si nous rapportons ce dire, c'est dans le but de citer la réponse qui nous a été faite à ce sujet par un grand vicaire d'alors, celui de tous les amis de M. de Saint-Exupéry qui l'a peut-être le plus connu. « Je ne le crois pas, nous a-t-il dit ; Monseigneur George ne voulait pas se séparer de lui. » Ainsi, l'attachement, si j'osais dire, la fidélité étaient les mêmes de part et d'autre.

X

L'assiduité que demandaient les relations de l'abbé de Saint-Exupéry avec son évêque n'opposaient pas le même obstacle à un certain apostolat. Dans les intervalles qui s'écoulaient entre les tournées épiscopales, il y avait des moments où il pouvait disposer de lui-même. Il en profitait pour courir à quelque œuvre de zèle. Au reste, il avait peur d'un repos dans lequel son activité naturelle se serait retournée sur elle-même et épuisée en une agitation inféconde. Plusieurs personnes s'étaient adressées à lui pendant qu'il était aumônier, et s'étaient bien trouvées de sa direction. Elles ne purent se résoudre à le quitter quand il fut nommé secrétaire, quoique les interstices que ses absences imposaient à son zèle fussent pour elles un grand inconvénient et une grande gêne. D'autres se joignirent à elles. Toutes expérimentèrent, et plusieurs ont attesté son dévouement et sa sagesse. Il n'oubliait plus les âmes que Dieu lui avait une fois confiées, alors même que des changements survenus dans leur existence les envoyaient en d'autres pays et à d'autres prêtres. Combien il s'en est trouvé qui, longtemps après, se sont ressouvenues de leur ancien confesseur au milieu de leurs difficultés, et ont toujours reçu de lui conseils et secours de toutes sortes.

Il était vraiment directeur, ne se contentant pas du rôle bien consolant déjà, mais insuffisant, qui consiste à absoudre. Il poussait les âmes à la perfection selon l'attrait et la mesure de la grâce que Dieu leur accordait. Son premier soin était de les arracher à ce laisser-aller d'une conduite sans ordre qui énerve ou dissipe la volonté, et stérilise la vie en la livrant au caprice et à la passion. Il tenait pourtant compte des exigences de la position, de l'imprévu, et aussi du besoin qu'ont certains caractères de garder un peu de liberté pour faire le bien avec plus de spontanéité ou moins d'inquiétude. Il avait à cet effet composé, et il a distribué par milliers aux personnes du monde un petit règlement s'adaptant par ses grandes lignes à toutes les conditions.

Ce tact et cette discrétion ne l'abandonnaient jamais. Nous avons entre les mains des décisions en matière de jeûne, où nous admirons, avec la justesse des règles théologiques, je ne sais quel sage tempérament qui en fait aimer la pratique et qui bannit les anxiétés.

Quelle suavité et quelle largeur de bon goût, si j'osais m'exprimer ainsi, dans les conseils suivants, dont nous ne croyons pas qu'il soit le premier auteur, mais qu'il a fait siens par la place qu'il leur a donnée dans ses écrits et dans sa direction. « Par position vous serez obligée de voir le monde. Allez sans crainte. Portez-y une piété éclairée et forte, des manières dignes qui fassent aimer la vertu et la montrent facile. Attachez-vous à être une preuve vivante de cette vérité : *Mon joug est doux et mon fardeau léger.* La vertu n'est jamais farouche. Jésus-Christ était au milieu du monde ; il conversait avec lui. Il y avait, dans sa personne et dans ses rapports, je ne sais quel parfum qui captivait et enchaînait à ses pas.... »

Et plus loin : « Voici quels doivent être vos sentiments habituels : dilatation du cœur. Rien de retréci, de mesquin dans les idées comme dans les sentiments. Larges idées sur le passé, sur le présent, sur l'avenir. » Puis viennent quelques explications de ces trois mots, et finalement cette formule qui les résume toutes : « Le passé à la miséricorde, le présent à l'amour et au sacrifice, l'avenir à la Providence. »

Cette manière si bonne, si douce de traiter les autres est d'autant plus remarquable dans l'abbé de Saint-Exupéry, que nous l'avons vu plus craintif et plus sévère pour lui-même. Que ce contraste ne nous étonne pourtant pas ; il est tout chrétien. C'est le propre de l'esprit de Jésus-Christ, de mettre dans nos cœurs des sentiments de haine contre nous seuls, et de n'y laisser pour le prochain que de la condescendance et de la bénignité.

Pour les autres comme pour lui-même, il avait peur du vague dans la piété. Il la faisait consister par-dessus tout dans l'accomplissement des obligations de chaque jour. De là, ce conseil laconique si souvent répété dans ses lettres et dans ses exhortations : générosité et fidélité. Il cherchait à imprimer ce caractère de réalité aux dévotions qui ont cours parmi les fidèles ; car il avait remarqué qu'elles ne sont dans un grand nombre que des tendances incertaines, sans idée nette et sans résultat appréciable. Il tenait surtout à soustraire à ce grave déficit sa plus chère dévotion. Il rédigea, dans ce but, une petite feuille qu'il a beaucoup répandue, où le culte de la Sainte-Vierge est présenté d'une manière simple, substantielle et pratique.

Le ministère qu'il aimait le plus, et qu'il remplissait avec le plus de succès, était celui qu'il était appelé de temps en temps à exercer auprès de la jeunesse. *Les Souvenirs* de la Visitation, où nous avons déjà puisé, nous renseignent encore sur ce point : « Il avait, nous disent-ils, un talent spécial pour gagner les cœurs des enfants. Appelé bien souvent à donner des retraites dans les divers pensionnats du diocèse dirigés par des religieuses, toujours sa parole bienveillante et pleine de piété portait les plus heureux fruits. On ne se lassait pas de l'entendre. Avec une ravissante simplicité, un à-propos plein de charme et de tact, il mêlait aux plus hautes leçons, aux enseignements les plus terribles, des récits et des traits que son jeune auditoire recueillait avidement et qu'il n'oubliait jamais. Ses retraites se terminaient invariablement par un acte de consécration à la Sainte-Vierge, signé par toutes celles qui en avaient suivi les exercices, et que lui-même renfermait pieusement dans un cœur que l'on offrait à la reine du ciel. Puis venait la distribution des petits règlements... Un grand nombre de celles à qui il les donna en ont fait, nous le savons, la règle de leur vie, et les conserveront désormais comme de précieuses reliques.»

Il aimait aussi la prédication, vers laquelle le poussaient d'ailleurs les encouragements de son évêque. Il accepta donc volontiers les demandes qui lui vinrent successivement de plusieurs points du diocèse ; il prêcha des stations à Périgueux, à Sarlat, à Bergerac. Partout sa parole fut bénie de Dieu et agréée des hommes. Ce succès auprès des hommes n'est pas un mince éloge pour l'abbé de Saint-Exupéry, quand on considère quelles difficultés il eut à vaincre dans les premiers temps. Toutes les influences, à Périgueux surtout, étaient au pouvoir de fonctionnaires hostiles à l'évêque, qu'ils trouvaient trop ardent, ce qui veut dire simplement trop *Romain*. Ils étaient, par suite, peu favorables à son secrétaire, qu'ils savaient d'ailleurs dans les mêmes idées, et à qui ils ne pardonnaient pas non plus, sans trop l'avouer pourtant, son nom et le passé de sa famille un peu trop aristocratiques pour l'époque. Ce parti faisait l'opinion et donnait le ton à la plus grande portion de la société. Ce ne fut donc qu'en faisant preuve d'un vrai talent que l'abbé de Saint-Exupéry parvint à briser la glace et à se faire écouter avec faveur. Nous avons parcouru ses sermons, qui sont au nombre de soixante environ, et dont la plupart se rapportent à cette date. Nous sommes convaincu que s'il s'était livré plus exclusivement à la prédication, s'il en avait fait sa carrière, il eût été un prédicateur de mérite. La nécessité de faire honneur à la parole de Dieu, et le plus de bien possible aux âmes, l'aurait amené à corriger dans sa personne et dans sa composition certains défauts capables de nuire à ce parfait résultat. Dans sa personne, en effet, on remarquait une impressionnabilité trop vive se traduisant par un débit timide et un peu hâté ; dans la composition on aurait pu relever des négligences tenant à sa facilité et à la rapidite forcée de son travail. Mais tels qu'ils sont, ses discours se distinguent par des qualités vraiment supérieures. Nous croyons, en leur consacrant quelques pages, entrer dans la pensée de ceux qui nous lisent et nous conformer au plan de ce travail. Nous remarquons avant tout que les sujets et le mode de les envisager sont toujours pratiques ; il prenait du reste ses sujets dans le mois de Marie, si justement célèbre, du P. de Bussy, qu'il suivait pas à pas. Les plans sont très réguliers et tracés souvent à la manière ancienne. Tel est, entre autres, celui de son sermon sur la Passion de Notre-Seigneur.

« Il y a, dit-il, trois grands désordres à expier dans le péché : la fausse joie qui lui sert d'attrait, l'orgueil qui en est comme le principe, le plaisir sensible qui en est l'accompagnement. Or, Jésus-Christ, en ce jour, expie ce triple mal ; il l'expie par la tristesse du jardin des olives, il l'expie par les humiliations du prétoire, il l'expie par ses souffrances, surtout par celles de la croix. Et ainsi, la sainteté de Dieu est vengée par un Dieu contrit et plongé dans la douleur ; la gloire de Dieu est réparée par un Dieu humilié et abreuvé d'ignominie ; la justice de Dieu est satisfaite par un Dieu souffrant et mourant dans les supplices. »

La division de son discours sur la confession, quoique plus simple, est du même genre. Aux préjugés de certains hommes qui ne veulent voir dans la confession qu'une invention humaine sans efficacité sur l'âme, il oppose la preuve de son institution divine et de sa puissance merveilleuse ; aux passions d'un plus grand nombre qui voudraient briser ce frein salutaire, il oppose le tableau de ses bienfaits, de ses douceurs et de ses consolations.

Il a souvent des mises en scène d'un très bel effet, témoin l'exorde de son sermon sur le salut. Les paroles de son texte : « Que sert à l'homme de gagner le monde entier s'il vient à perdre son âme, » lui rappellent la conversion de François Xavier, dont elles ont été, sur les lèvres d'Ignace de Loyola, l'instrument providentiel. Il nous montre donc Xavier, tout plein de l'esprit du monde, enivré de ses succès, ne rêvant que la gloire et les applaudissements humains ; près de lui, Ignace, l'homme de Dieu, qui a compris ce que l'âme de Xavier, si pleine de misère, peut renfermer de grandeurs, entreprenant de désabuser son ami des vanités qui le séduisent, et lui jetant, pour répondre aux pensées ambitieuses qui le préoccupent, la parole si grave de Jésus-Christ : « Que sert à l'homme de gagner l'univers, s'il vient à perdre son âme ; » ne se décourageant pas de l'inattention méprisante de Xavier, mais épiant l'occasion nouvelle et revenant sans cesse à la charge, sans cesse aux illusions obstinées de Xavier opposant l'inexorable sentence, jusqu'à ce que celui-ci, au lieu d'un vain bruit de mots qui n'avait frappé d'abord que son oreille, finit par saisir un sens qui va jusqu'à son esprit, qui éveille, malgré lui, ses réflexions, porte le trouble dans son cœur, la lumière au milieu de ses ténèbres, le transforme, le convertit, et d'un homme du monde fait un disciple de Jésus-Christ, un saint, presque l'égal d'Ignace. — L'orateur alors se tournant vers son auditoire : « Et moi aussi, dit-il, qui certes n'ai point la sainteté d'Ignace, mais qui porte dans mon cœur un peu de son amour pour les âmes, pour vos âmes immortelles, je viens vers vous, qui êtes peut-être des Xavier tout préoccupés des choses d'ici-bas, je viens vous dire la parole de Jésus-Christ, d'Ignace et de Xavier : « Que vous sert de gagner tout l'univers, si vous venez à perdre votre âme. » Je vous l'expliquerai aujourd'hui, je vous la redirai demain, sans cesse pendant cette station. J'espère du secours de Dieu que la menace qu'elle contient vous réveillera, que la sublime philosophie qu'elle enseigne et qui est la seule digne de vous, vous éclairera sur la folie des pensées qui vous captivent, et sur la nécessité de songer enfin, de travailler à la grande affaire de votre salut. »

Le talent de l'abbé de Saint-Exupéry qui nous a semblé dans ses essais de jeunesse, et qui nous semble encore dans ses discours plus fait pour les sujets simples et pour les teintes tempérées, sait pourtant varier ses formes et prendre tous les tons avec une facilité surprenante. Il a, par exemple, des traits et des pages d'une vigueur remarquable. Tel est ce tableau du rôle de justice que la conscience exerce au nom de Dieu contre les pécheurs : « Sentinelle vigilante placée à la garde du temple de mon Dieu, la conscience a poussé le cri d'alarme ; car l'abomination de la désolation y est entrée. Témoin obstiné, elle va désormais vous suivre partout, dans la solitude comme dans les villes, de nuit comme de jour, et à chaque instant elle troublera vos fêtes, empoisonnera vos jouissances. Témoin irrécusable, elle sait tout, elle a tout vu, tout écouté, tout entendu, et à chaque instant elle saura tout reprocher avec une désolante rigueur et une irrésistible autorité. Témoin incorruptible, elle n'écoutera ni vos prières ni vos flatteries, vous n'achèterez pas son silence ; elle ne cessera de faire retentir dans le fond de votre cœur coupable, cette voix que rien ne saurait étouffer : Tu as trahi ton Dieu. »

Veut-il exciter la pitié en faveur des pauvres délaissés, avec quel art et quelle vivacité de couleurs il fait ressortir leur misère en la mettant en regard des jouissances de l'homme opulent. De ce magnifique contraste, nous ne voulons détacher que ces lignes, où, après nous avoir dépeint le sommeil tranquille et somptueux du riche, son réveil tout plein de joyeuses perspectives, sa journée dont les heures s'écoulent dans le bien-être, il nous présente le spectacle tout différent du pauvre : « Mais le pauvre ! Oh ! c'est ici qu'il faudrait l'éloquence des Chrysostôme et des Bernard. Le pauvre ! que de sombres pensées, que de tristes images ont environné son grabat et troublé son sommeil ! Elles l'attendent surtout à son réveil qui devance l'aurore. Qui pourvoira pour lui à la nourriture de ce jour? qui donnera du pain à ses enfants? par quel moyen pourra-t-il l'obtenir? à quelle porte ira-t-il l'implorer? Ah! s'il songeait que le Dieu qui ne laisse pas les petits des oiseaux sans pâture, ne peut l'abandonner! mais bien souvent il l'oublie, hélas! et il n'en est que plus à plaindre.

» Le jour vient enfin. Voyez le pauvre quitter en soupirant le misérable grabat, que dis-je, souvent la paille humide, où ses membres fatigués n'ont trouvé qu'un insuffisant repos. Voyez-le jeter sur ses épaules quelques lambeaux mal assemblés, unique vêtement qu'il possède pour affronter les ardeurs du soleil ou la dureté des frimats. Voyez-le quitter son galetas ou sa pauvre cabane ouverte à tous les vents. Voyez-le, ou bien parcourir nos places, nos rues, nos campagnes, exposé à toutes les rigueurs de l'air, plus encore, à tous les dédains, à tous les rebuts; ou bien courber péniblement tout le jour son corps sous le travail le plus pénible, et tout cela pour rassembler quelque obole qui, si votre charité ne s'y ajoute, ne lui suffira pas pour entretenir sa misère. Oh ! que souvent le pain qu'il mange est dur, qu'il est amer ! Oh ! que l'infirmité, quand elle arrive, lui est cruelle, sans adoucissements et presque sans secours ! Oh ! que les douces joies de la famille viennent bien rarement tempérer ses douleurs ! — Pauvre père ! il n'a pas le temps de s'arrêter aux touchantes caresses et au langage aimable de ces innocentes créatures ; il faut qu'il songe d'abord à les faire vivre. Pauvre mère ! elle pleure en les voyant autour d'elle, et en songeant sans cesse qu'elle n'a ni pain pour les nourrir, ni vêtement pour les couvrir, ni remède pour éloigner la mort. Pauvres enfants ! ils se cachent peut-être à la vue du riche, dont ils connaissent trop peu le visage et le sourire. »

Mais les beautés que ces passages empruntent de l'esprit et de l'imagination ne valent pas celles qui leur viennent du cœur. C'est le cœur qui, à proprement parler, fait l'orateur. L'éloquence, a dit quelqu'un qui a pu l'étudier en lui-même, est le son que rend une âme émue.

L'âme de l'abbé de Saint-Exupéry était très facile à recevoir l'impression de toutes les bonnes choses. Aussi règne-t-il dans ses discours un sentiment doux et continu qui en fait la vie, et qui se communique insensiblement à ceux qui les lisent ; on y rencontre aussi de ces mouvements plus vifs qui sont l'expression d'une passion plus fortement excitée. On pourrait compter et étudier les vertus de l'abbé de Saint-Exupéry (car il n'est pas d'autre passion digne du cœur d'un prêtre que la vertu) aux accents éloquents que chacune d'elles lui inspire tour à tour.

Quel amour pour les âmes dans ces simples paroles qui terminent l'exorde de son sermon sur le délai de la conversion : « Oh ! frères qui m'écoutez, écoutez-moi de grâce avec docilité et sans passion de vos cœurs. Mon Dieu, mon Dieu, plus j'avance dans ces jours de salut, plus je parle à ce peuple que j'aime, parce que vous me l'avez confié quelques jours, plus aussi je sens tout le besoin que j'ai de vos bénédictions. Marie, refuge des pécheurs, aidez-moi, intercédez pour nous tous, priez pour nous tous. »

Et dans ces autres, que nous lisons vers la fin du même discours : « Vous ne pouvez, me dites-vous ; vous ne pouvez ! Connaissez-vous l'histoire de Paul ?... Connaissez-vous l'histoire d'Augustin ?... Vous ne pouvez ! Ah ! vous ne pouvez pas seul ; mais le ciel y a pourvu. Voici tout près de vous une main bienfaisante et amie ; elle est de chair et d'os comme la vôtre, mais l'huile sainte y a coulé, elle est toute puissante ; tenez, je vous la tends, donnez la vôtre, et je vous retirerai de l'abîme de vos misères, je vous arracherai à la tyrannie de vos vices ; je vous conduirai au tribunal sacré, à la table de vie, à l'immortalité. »

Son homélie sur l'enfant prodigue n'est pas seulement un chef-d'œuvre auquel nous ne croyons pas que l'art le plus sévère puisse reprocher une phrase, un mot, c'est avant tout, c'est d'un bout à l'autre, une effusion de son âme aimante, un morceau achevé de miséricordieuse tendresse et de condescendante charité pour les pécheurs.

Ses trois sermons sur le péché nous révèlent une âme profondément blessée de l'outrage qu'il fait à Dieu. Des prêtres qui les ont entendus en ont conservé un souvenir tout spécial.

Inutile de dire que son amour pour la Sainte-Vierge lui a dicté beaucoup de belles pages. On sent qu'il est à l'aise et tout joyeux, quand il parle d'elle, et il en parle souvent. Car il lui avait promis, dès son début dans le sacerdoce, de ne jamais faire une prédication sans dire un mot à son honneur.

Il a trois discours très touchants sur l'Eucharistie. Celui qu'il a consacré à la sainte communion commence et se termine par un vrai cantique d'amour : « La communion ! s'écrie-t-il aussitôt après l'annonce de son sujet, quel mot !... La communion ! quelle action sublime ! quel ineffable sacrement ! quel mystère incompréhensible !

» La communion !... savez-vous ce que c'est ? C'est le grain de froment qui rassasie nos âmes, *adipe frumenti satiat te ;* c'est le feu brûlant qui allume par tout le monde celui de la divine charité, *ignem veni mittere in terram* ; c'est la source d'eau vive pour nous désaltérer, *si quis sitit, veniat ad me;* c'est le mets délicieux et royal pour nous donner la vie, *veni ut vitam habeant, et abundantius habeant;* c'est le remède efficace pour guérir nos blessures ; c'est le préservatif et l'armure de nos combats ; c'est le lait des enfants de Dieu ; c'est son alliance avec nous ; c'est son festin nuptial ; c'est le testament de l'amour de Jésus ; c'est le gage le plus assuré de notre éternel bonheur !...

» La communion !... Non, je n'en sais rien dire ; elle m'ôte toute expression ; elle saisit tout mon être ; elle absorbe tout mon esprit ; elle remplit tout mon cœur...

Entendons la fin de sa péroraison : « Chair sacrée, sang adorable de mon Dieu, mes entrailles crient vers vous ! vous avez tous les goûts, toutes les douceurs, toutes les jouissances. Vous nourrissez, vous fortifiez, vous guérissez, vous préservez, vous défendez, vous bénissez, vous récompensez, vous couronnez. Ah ! vous recevoir, vous recevoir souvent sera ma résolution de ce jour ; vous recevoir, vous recevoir souvent, sera le but et le bonheur de ma vie ; vous recevoir, vous recevoir souvent sera l'avant-goût et le prélude de mon heureuse éternité. »

L'abbé de Saint-Exupéry se serait manqué à lui-même, s'il n'avait pas parlé et parlé très-bien de la sainte Eglise. Encore ici trois discours qui comptent parmi les plus beaux et les plus émouvants qu'il ait prêchés. Il en a composé plusieurs autres depuis où il touche plus ou moins incidemment ce sujet ; c'est toujours avec un vrai bonheur d'expression et de sentiment. Mais dans aucun, peut-être, il n'a été mieux inspiré que dans son éloge funèbre de M. Arthur de Veaux, capitaine aux zouaves pontificaux, tué à la bataille de Mentana. On venait de rapporter d'Italie en Périgord, pour les réunir au tombeau de famille, les restes de l'héroïque soldat. L'abbé de Saint-Exupéry avait été invité à parler. C'était une occasion toute naturelle d'affirmer ses sentiments catholiques-romains. Mais à côté de ce devoir, il en rencontrait un autre qui allait aussi très-bien à son cœur : il avait à consoler des parents affligés, qui avaient perdu en un seul jour leur joie, leur nom et toutes leurs espérances. Il remplit admirablement sa double tâche. Avec l'Eglise qui comptait un martyr de plus, il fit entendre les sublimes accents de la foi ; avec la noble famille mortellement atteinte par ce trépas, il parla le langage ému d'une douleur, hélas ! trop légitime. Le début peut nous donner quelque idée du reste.

> « Dederunt se periculo, ut starent sancta... et lex, et gloriâ magnâ glorificaverunt gentem suam.
> » Ils se sont exposés à la mort, afin que les choses sacrées demeurassent debout sur la terre, et que la loi sainte ne périt pas ; et ils ont couvert toute leur race d'une grande gloire. »
> (I Machab., XIV, 29.)

» Est-ce un chant de deuil, M. T. C. F., est-ce un chant de triomphe que je dois vous faire entendre aujourd'hui ? Ah ! si je jette les yeux sur cette famille en pleurs, sur les ornements funèbres qui décorent cette église, sur ce cercueil que vous êtes venus, et plusieurs de si loin, entourer des témoignages de votre sympathie et de vos regrets, je sens mon âme toute émue, et je mêle de grand cœur mes larmes aux larmes que j'aperçois dans vos regards. Dieu a permis qu'un jeune guerrier, la gloire aujourd'hui du pays qui l'a vu naître, la joie et l'espérance des siens, le dernier rejeton d'une noble famille, ait péri dans le combat. Et ce coup inattendu a brisé bien des cœurs; et je sens vivement tout ce qu'il y a d'amer dans la séparation qu'il impose et dans le vide qu'il laisse après lui.

» Mais si j'élève mes pensées vers les circonstances de cette fin glorieuse, si je songe à la grande cause pour laquelle cette vie s'est sacrifiée, je ne sais quel sentiment de consolation et d'espérance me remplit; je sens mon âme attristée se reposer tranquille près de la tombe de ce jeune héros, près de celles de ses vaillants compagnons d'armes; car je ne saurais les séparer de lui dans cet éloge, et je réponds, j'en suis sûr, en le faisant, à ses pensées et aux vôtres. Et devant ce tombeau, plus porté à admirer qu'à gémir, je bénis Dieu qui a suscité de tels défenseurs à son Eglise aux jours de sa détresse; je bénis l'Eglise qui, parmi les lâchetés de tant d'âmes et les abaissements de tant de caractères, aux jours où nous vivons, inspire encore de tels dévouements ; je bénis et félicite les familles chrétiennes de la gloire qui leur est faite d'avoir donné du sang des leurs pour Jésus-Christ et pour son représentant sur la terre ; je félicite ces jeunes hommes tombés pour la plus juste et la plus belle des causes, et je les appelle bienheureux, parce que, à l'exemple de ces anciens et vaillants Machabées, dont ils ont retracé le courage, l'intrépidité, la constance, la foi, ils n'ont point compté avec leur vie, mais l'ont sacrifiée sans crainte et sans regrets, *dederunt se periculo*. Ils l'ont sacrifiée, afin que les choses les plus saintes qui existent ici-bas ne fussent pas abattues par l'impiété soulevée pour les détruire, *ut starent sancta ;* afin que la grande loi de Dieu, identifiée dans son Eglise, demeurât debout au milieu de ce monde, *ut starent sancta... et lex*. Je proclame donc que, par leur dévouement et leur mort, ils ont apporté à toute leur race une gloire incomparable, *et gloriâ magnâ glorificaverunt gentem suam*. »

Comme on connaissait la facilité de l'abbé

de Saint-Exupéry, celle de son talent et celle de sa charité, on ne se faisait pas faute, dans les circonstances importantes, de recourir à lui. Des personnages dont le simple désir était un ordre pour lui, savaient sur qui ils pouvaient compter, si des occupations imprévues les empêchaient de faire honneur à certaines promesses. De là, l'extrême variété de son répertoire. Discours pour distributions des prix, pour prises d'habit et professions religieuses, pour fêtes de saints, pour pèlerinages, pour bénédictions d'église, pour bénédiction abbatiale, rien presque n'y manque. Il y manque ses improvisations, qu'on dit avoir été parfois très heureuses. Quelques-unes sont restées dans la mémoire de ceux qui les ont entendues. On nous a rapporté, à ce propos, que son talent fut un jour mis à une difficile épreuve. C'était au service de quarantaine de M. l'abbé Maccrouze, le digne et bien-aimé curé de Bergerac, dont le Périgord n'oubliera de longtemps la parole émouvante et le cœur sacerdotal. On avait préparé une cérémonie qui répondît aux regrets que le saint prêtre avait laissés, et on avait confié son éloge funèbre à un ecclésiastique de grand talent. Le concours du clergé et du peuple devait être très considérable. Or, on apprit la veille au soir que le prédicateur était tombé malade et ne pouvait venir. On songea aussitôt à l'abbé de Saint-Exupéry, tout fraîchement arrivé. Il n'eut pas le cœur de refuser. Il passa quelques heures de la nuit à méditer sur son sujet, et le lendemain il fit, à la grande admiration de tous, un vrai discours, approprié à la circonstance, nourri de faits, et si éloquent, que les auditeurs, à plusieurs reprises, ne purent retenir leurs larmes. Un professeur de l'université qui était présent, disait à ses voisins : « Mais M. de Saint-Exupéry est vraiment orateur. »

XI

Puisque nous en sommes à faire l'exposé des œuvres de zèle auxquelles l'abbé de Saint-Exupéry consacrait ses moments libres, nous ne pouvons pas ne pas mentionner ses relations avec sa famille. Car ne doit-on pas regarder comme un ministère sacerdotal le rôle saint qu'il remplissait auprès d'elle ? Du jour où il avait été fait prêtre, il était devenu pour tous les siens un objet de vénération et de respect. Ils le traitaient comme le chef religieux de la maison, comme le représentant de Dieu, et ils avaient foi dans les grâces dont Dieu devait entourer son ministre. Aussi recouraient-ils à lui dans toutes leurs difficultés, le marquis et la marquise aussi bien que ses frères. Ils lui portaient leurs peines, et elles furent grandes à certaines heures, Dieu ayant coutume d'éprouver ses élus sur la terre pour les récompenser davantage au ciel. L'âme si sensible du prêtre éprouvait vivement le contre-coup de ces tristesses ; il n'en était que plus apte à les consoler, en sorte que sa famille pouvait dire avec saint Paul : « Nous n'avons pas un pontife qui ne sache pas compatir. »

Il était appelé aussi à sanctifier toutes leurs joies en faisant descendre sur elles les bénédictions et les enseignements de la religion. Il bénit successivement le mariage de ses frères, il baptisa plusieurs de leurs enfants. Les petites allocutions qu'il prononça dans ces circonstances nous révèlent les trésors de son cœur et les délicatesses de son talent. Ce sont de vrais modèles de tact, de sensibilité, et souvent de style. Quelle sensibilité dans le début de son premier discours en ce genre : « Pourrais-je me défendre d'une émotion profonde ? Prêtre de Jésus-Christ, ce n'est plus aujourd'hui sur des cœurs étrangers, c'est au sein de ma famille, c'est sur un frère tendrement aimé, c'est sur la pieuse compagne que le ciel lui a choisie, c'est sur des cœurs qui m'ont toujours été ou qui me deviennent à cette heure bien chers, que ces mains consacrées vont se lever et appeler les bénédictions d'en haut. Oh ! le Dieu de mes pères ! le premier cri de mon cœur ne doit-il pas être en ce moment pour vous ? Si, bien souvent, vous l'avez entendu dans le silence de vos sanctuaires vous prier de bénir les projets et les désirs de cette union, oh ! à cette heure solennelle qu'il monte plus empressé et plus brûlant vers votre trône, et que malgré mon indignité, que je confesse, les affections légitimes de la nature et du sang, jointes à l'ardeur de ma foi et à l'autorité du ministère divin que vous m'avez confié, donnent un accent plus vif à ma prière, et appellent ici plus efficace et plus puissante l'abondance de vos bénédictions divines ! »

Il disait ces paroles au mariage de son frère Joseph. On se souvient que Joseph devait succéder à Maxime dans le titre et les privilèges héréditaires. Cette circonstance lui fournit le plus noble et le plus heureux à-propos. « Je vous dirai donc comme Raguel au jeune Tobie : *Benedicat te, fili mi, Deus Israël*, que le Dieu d'Israël, que l'auguste Marie vous bénissent, mon fils ! *quia filius es optimi viri, et justi, et timentis Deum,* parce que vous êtes le fils d'un père et d'une mère bons, très bons, justes et craignant Dieu. Ah ! vous savez quels exemples vous ont toujours été donnés au sein de la famille, vous savez comment nos pères et nos aïeux ont gardé à travers une longue suite de générations la vraie foi, la tradition des mœurs antiques et la fidélité. Héritier de ce triple trésor, vous le conserverez intact, n'est-ce pas ? vous le transmettrez pur à ceux qui viendront après vous... Frère bien-aimé, laissez-moi vous le dire, je m'en repose ici sur vous ; j'avais reçu le premier ce dépôt en vous devançant dans la vie, j'attendais cette heure solennelle pour le remettre entre vos mains au pied de ces autels, et pour vous y confier au nom de Dieu, et la garde du nom et des vertus de vos ancêtres, et la garde du père et de la mère chéris et vénérés que le ciel nous donna. Que le Dieu de nos pères vous bénisse. »

C'est par anticipation que M. Maxime de Saint-Exupéry faisait passer le marquisat à son frère. Le marquis, leur père, vivait encore, comme l'abbé lui-même vient de nous le dire ; il assistait à cette cérémonie et à ces paroles si émouvantes pour lui. Il vécut encore plusieurs années ; il s'éteignit le 23 janvier 1856, dans une vieillesse bénie de Dieu et des hommes. Il laissait à sa veuve et à ses neuf enfants, encore vivants, une fortune convenable, signe certain d'une administration temporelle sage et réglée. La part des pauvres, des domestiques et des œuvres chrétiennes n'avait pas été oubliée dans son magnifique testament, il y faisait même remise de leur obligation à certains débiteurs « pour soulager, disait-il, et tranquilliser leur conscience. » Il avait d'autres biens plus précieux, dont il avait fait trois lots, un pour tous ses fils, un pour Joseph, un autre pour Maxime. Il donna en commun à tous ses fils ce fonds de piété et d'honneur, apanage inaliénable de la famille, qu'il avait reçu de son père, et qu'ils reçurent à leur tour avec respect, qu'ils gardent avec fidélité. Il transmit définitivement à Joseph son titre, et il lui recommanda sa mère. Il recommanda à Maxime, et Joseph et tous ses frères, lui confiant ce qu'il y a de plus intime et de plus élevé dans l'autorité paternelle : « Je prie Maxime, dit-il, et je le charge d'être le conseil de ses frères et sœurs. Dans les moments où viendraient les affaires et les discussions qu'elles nécessitent, il sera, comme l'aîné et comme revêtu du caractère sacré du sacerdoce, le porteur naturel de la paix et de l'union ; et j'aime à croire que toute ma famille aura pour lui l'attention et la déférence qui sont dues à son caractère et à sa vertu. »

Les choses devaient se passer comme le voulait le bon marquis. L'action de l'abbé sur sa famille devint, à partir de ce moment, plus large et plus prépondérante encore que par le passé. Les cœurs, au reste, sentaient tous les jours davantage le besoin de se rattacher à son influence ; car la dispersion qui se produisait peu à peu à la suite des alliances, la rendait plus nécessaire. Aussi, quand l'abbé de Saint-Exupéry eut, après la mort de Monseigneur George, bâti la maison qu'il habita depuis et où il est mort, elle devint le point de ralliement, le centre d'union de la famille. Tout venait aboutir là ; et rien n'est plus charmant que ces réunions convenues d'avance, où l'on venait, de toutes les distances et de tous les côtés, se retrouver, se serrer, se réconforter autour du frère et du prêtre. Il n'y avait là qu'un cœur et qu'une âme ; et chose bien rare, même au sein des familles les plus unies par les sentiments et la vertu, il y avait dans les éléments nombreux qui composaient celle-ci le même fond de nature, le même caractère de piété et la même trempe de conscience.

XII

L'année 1858 apporta du changement dans la vie de M. de Saint-Exupéry; peut-être serait-il plus vrai de dire dans ses titres, car son occupation principale resta la même; elle prit seulement un caractère plus officiel et une plus grande extension. Le 4 mars, Monseigneur George écrivait à Madame la marquise de Saint-Exupéry la lettre suivante, où l'on reconnaît facilement la manière du noble évêque :

« Madame la marquise,

» Je viens de perdre mon vénérable vicaire général, M. Delmilhac.

» Je veux être le premier à vous annoncer le nom de son successeur.

» Votre cœur maternel et ma conscience l'ont désigné.

» Je viens d'envoyer au ministre la nomination que j'ai faite du cher abbé Maxime.

» Ce n'est point une faveur que j'accorde, mais une justice que je rends aux mérites et aux vertus de votre digne fils.

» Nous commençons ensemble notre dix-huitième année de vie commune, et aujourd'hui, comme dès le jour où j'eus le bonheur de le connaître et de l'apprécier, je me félicite de l'avoir près de moi.

» Veuillez, Madame la marquise, agréer l'hommage de mes sentiments dévoués et respectueux.

» JEAN,

» *Évêque de Périgueux et de Sarlat.* »

Ce choix satisfit tout le monde. A une connaissance parfaite du clergé et des affaires ecclésiastiques du diocèse, fruit de ses voyages et de sa longue collaboration avec Monseigneur George, l'abbé de Saint-Exupéry joignait des qualités bien précieuses dans un grand vicaire : avant tout, cet amour filial de l'Eglise et du Pape dont nous avons déjà parlé, et qui lui donnait, dans les difficultés, le sentiment du vrai ; une grande déférence pour son évêque, et une franchise de bon aloi n'ayant d'égal que la simplicité du bon prélat à interroger ses conseillers et à les écouter ; une activité telle, qu'on pouvait parfois peut-être y trouver de l'empressement ; un admirable esprit d'ordre, dont nous voulons donner une marque aussi édifiante que significative. Dans la multitude des papiers laissés par lui, nous n'avons pas trouvé un feuillet hors de place. Les divers écrits étaient réunis ou distingués selon leur nature. Toutes les affaires étaient expédiées, excepté une seule ; toutes les lettres courantes avaient eu leur réponse et avaient été détruites, une seule encore exceptée.

Relevons aussi son esprit de justice et son respect pour ses frères dans le sacerdoce. Il était heureux de leurs succès et de leur mérite. Lorsque quelqu'un d'entre eux était blâmé ou accusé devant lui, il se tenait soigneusement en garde contre la première impression, et regardait comme un devoir de stricte équité, surtout dans la position où il était, de ne jamais condamner sans entendre. Si enfin les torts venaient à être clairement établis, s'il n'en pouvait plus douter, il était attentif, jusqu'au scrupule, à n'en rien dire à qui n'avait pas autorité pour les connaître.

Au reste, il était pour tous l'homme aux bons rapports, aux nobles manières, ce qui ne dépare jamais rien, gardant toujours le cachet de sa race et de son éducation, même à travers quelques petites et passagères impatiences, comme les eaux qui conservent leur tranquillité sous les rides qui altèrent un instant leur surface.

Si à la charge de vicaire général, et à celle de premier supérieur du petit séminaire de Bergerac, qui en était comme l'appendice, nous joignons son double titre de supérieur de la Visitation et du Carmel que Monseigneur voulut y ajouter, nous avons d'un seul coup l'idée des divers genres d'occupations dans lesquelles l'abbé de Saint-Exupéry a dépensé les vingt dernières années de sa vie. C'est dans ces ministères plus importants que brillants, surtout dans l'administration du diocèse, qu'il s'est utilisé et comme caché. Le prédicateur n'apparaît plus qu'à de rares intervalles. On oublie presque ce qu'il fut, ce qu'il pouvait être, pour parler selon le siècle, qui juge des choses par le bruit qu'elles font et par l'éclat qu'elles jettent. Mais ceux qui le voyaient de près et travaillaient avec lui, savaient les trésors d'intelligence que la nature lui avait départis. Ils l'estimaient pour son érudition, ils l'aimaient pour sa modestie. Un homme du monde demanda un jour à l'un d'entre eux ce qu'il fallait penser de l'abbé de Saint-Exupéry ; et il faisait cette question d'un air qui semblait deviner et faire même la réponse : « Monsieur, lui dit l'ecclésiastique, l'abbé de Saint-Exupéry est un savant, mais un savant modeste (1) ».

(1) Ce vénérable ecclésiastique vient de mourir. Comme son ami, dont il faisait en si peu de mots un si bel éloge, il laisse à ceux qui l'ont connu d'immenses regrets, et dans le conseil de l'évêque un vide difficile à combler.

Volontiers nous souscrivons à ce jugement, que nous pourrions appuyer de bien des preuves. Nous avons, en effet, sous les yeux, des consultations nombreuses, approfondies, importantes qu'il a échangées sur des points obscurs d'administration, de droit canonique et de liturgie avec des théologiens romains ou français, dont quelques-uns ont un nom bien connu. On pourrait faire un volume très considérable de cette correspondance si instructive.

L'évêché de Périgueux possède de lui quelques commentaires précieux où il discute avec subtilité et précise avec netteté la portée et l'application de certains indults de Rome d'un sens assez difficile.

Tous les évêchés connaissent et mettent à profit ses *Observations sur la fulmination des dispenses de mariage,* fruit de son expérience, vrai trésor d'érudition dans une matière compliquée, où la plus petite erreur peut avoir les plus graves conséquences.

Il a fait aussi sur les congrégations de la Très-Sainte-Vierge, sur leur but, leur organisation, leur érection, etc., un travail complet qui verra peut-être le jour, pour l'utilité des paroisses et des pensionnats auxquels il le destinait.

On sait qu'il assista, d'abord comme secrétaire intime de Monseigneur George, puis comme grand vicaire, aux conciles qui se tinrent dans la province de Bordeaux, de 1850 à 1868. Il y fit preuve de tant de savoir dans les choses ecclésiastiques, que Monseigneur Cousseau, évêque d'Angoulême, excellent juge en ces matières, disait de lui : « C'est un homme précieux dans les conciles. »

Les prêtres du diocèse pourraient rendre hommage à son jugement pratique ; car leur confiance et celle de l'évêché lui remettait la solution de tous les cas embarrassants. Qu'ils nous permettent de joindre ici notre témoignage au leur. Nous avons connu plusieurs de ces cas, l'humble érudit se défiant de lui-même et aimant à consulter. La vérité est que nous avons gagné beaucoup à ces communications ; nous n'avions le plus souvent qu'à bien écouter son exposé, et à suivre sa réponse qui se faisait jour malgré lui dans sa question.

Le chapitre de la cathédrale de Périgueux appréciait fort le mérite du vicaire. Il eut trop tôt, hélas ! une occasion éclatante de le lui prouver. Monseigneur George mourut le 20 décembre 1860, laissant une mémoire et des œuvres qui ne périront pas. L'abbé de Saint-Exupéry, qu'il avait institué son exécuteur testamentaire, fut nommé par les chanoines vicaire capitulaire. C'était une douce illusion que leur deuil se donnait en le mettant à la tête du diocèse ; il leur semblait que le saint évêque n'était pas mort tout entier.

Monseigneur Baudry, qui succéda à Monseigneur George, n'eut garde de se priver de l'expérience et du dévouement de l'ancien grand vicaire ; il lui conserva ce titre, et peu après il l'envoya représenter à Rome le diocèse de Périgueux, dans cette belle fête de la canonisation des Martys Japonais qui réunit presque tout l'épiscopat autour de Pie IX. Le savant évêque se montra plutôt qu'il ne s'assit sur le siége épiscopal de Périgueux. Après sa mort, qui arriva le 28 mars 1863, le chapitre donna à l'abbé de Saint-Exupéry la même marque publique de son estime, en le choisissant de nouveau pour vicaire capitulaire.

Monseigneur Dabert fut heureux, en arrivant dans sa ville épiscopale, de trouver en lui et dans ses collègues de l'évêché tout un personnel formé à l'école du grand prélat dont il se proposait de suivre les traditions. Dieu lui donnait, dans ces hommes zélés et expérimentés, un secours puissant pour réaliser son noble but ; il devait aussi lui donner le temps. Avec le nouvel élu commençait un de ces épiscopats longs et dévoués au Saint-Siége qui laissent dans les diocèses une trace ineffaçable par les œuvres qu'ils font ou qu'ils développent. C'est à l'évêque que revient toute la gloire de ces institutions, mais il en rejaillit quelque chose sur ceux qui l'assistent de leurs conseils et de leur action. A ce titre, il faudrait, pour louer complétement l'abbé de Saint-Exupéry, retracer l'histoire des seize dernières années et compter les choses qui s'y sont accomplies : les missions fondées, étendues, pourvues d'une organisation qui les rend durables ; les acquisitions importantes multipliées au profit du diocèse ; les congrégations religieuses qui existaient déjà favorisées, de nouvelles appelées, établies partout pour l'éducation de la jeunesse et l'édification des populations ; le cercle des jeunes ouvriers créé et doté de tout ce qui lui est nécessaire pour vivre ; l'enseignement ecclésiastique fortifié ; l'unité romaine achevée...

Entre toutes ces œuvres, la dernière est sans contredit la plus considérable ; car elle donne aux autres leur vraie vie, elle est comme la racine sur laquelle elles doivent pousser, et d'où elles doivent tirer leur subsistance : ce n'est qu'en passant par le Souverain-Pontife que la sève divine s'étend de Jésus-Christ à toute l'Eglise. Aussi était-ce l'œuvre de prédilection de l'abbé de Saint-Exupéry. Il avait noté dans son mémorial seize points plus importants, sur lesquels sa vigilance devait s'exercer. Par son titre de vicaire général official et par la délégation spontanée de ses confrères, qui savaient ses goûts et ses aptitudes, c'est lui qui était chargé de tous les recours à Rome. Ces recours étaient fréquents, car il aimait à marcher en pleine lumière.

Aussi connaissait-on bien à Rome l'abbé de Saint-Exupéry.

Nos lecteurs connaissent assez eux-mêmes, par tout ce qui précède, les tendances catholiques de son âme. Nous ne les rappelons une dernière fois que pour y trouver, du moins en partie, la réponse à cette question que tous ses amis, à la suite de Monseigneur de Limoges, se sont posée bien souvent : pourquoi l'abbé de Saint-Exupéry est-il resté à une place relativement secondaire, alors que son mérite et l'espoir de ceux qui le connaissaient le désignaient pour une position plus élevée ? Pourquoi le flambeau n'a-t-il pas été placé dans le milieu où il aurait pu donner toute sa clarté ? A plusieurs reprises, de grands évêques se sont émus de cet oubli, et ont appelé sur le vicaire général de Périgueux l'attention des gouvernements. Des sénateurs, des députés, des personnages plus haut placés encore, ont cru ne pouvoir faire un plus saint usage de leur influence qu'en la mettant au service de cette bonne cause. Des diocèses ont demandé, Rome a espéré. Hélas ! pour certains esprits chargés de juger définitivement, les qualités de l'abbé furents des défauts ; ses mérites, des torts, en sorte que les motifs qui le faisaient proposer par les uns, le faisaient exclure par les autres, et que sa gloire est la même dans les deux cas.

« Il est trop ultramontain, » a toujours dit une voix finale.

Cette raison, qui est prise du côté des hommes, ne nous suffit pas. Sans doute, le nom de *Saint-Exupéry* et les idées qui s'y rattachent, donnaient, dans l'esprit de ceux dont nous parlons, une portée exceptionnelle à ce qualificatif d'*ultramontain*. Mais quel est l'évêque auquel on ne puisse l'appliquer; à combien d'évêques ne s'applique-t-il pas d'une manière éclatante ? Disons plutôt : Dieu, qui mène toutes choses, l'a voulu ainsi ; il est dans l'ordre de sa Providence que tous les mérites ne soient pas reconnus et récompensés ici-bas ; il veut des astres qui brillent dans des sphères en apparence trop étroites pour eux, et il remplace l'éclat que leurs qualités, ce semble, auraient pu répandre au loin, par la lumière plus douce et non moins salutaire que jettent autour d'eux leur humilité et leur modestie.

Quant à l'abbé de Saint-Exupéry, on lui laissait ignorer le plus possible toutes ces démarches ; il en aurait été troublé. Il allait tranquillement à travers ce bruit qui se faisait autour de lui, mais qui ne l'atteignait pas, et, après comme avant, il continuait à se dévouer en silence à sa tâche modeste et laborieuse.

XIII

Nous avons vu que, vers la même époque où il reçut le titre de grand vicaire, M. de Saint-Exupéry fut nommé supérieur de la Visitation, du Carmel et du petit séminaire. Tout est ici plus humble encore. C'est le sanctuaire où, pendant vingt ans, il a jeté le plus intime de sa vie. Là se trouve le dernier mot de son cœur, le secret de son âme et de ses vertus; sa physionomie resterait inachevée, il y manquerait les traits les plus finis, si nous ne pouvions le montrer tel qu'il fut dans ce milieu caché. Ici nous devons nous effacer, et laisser à d'autres plumes plus délicates que la nôtre le soin de couronner notre travail. Les pages suivantes ont été écrites après la mort de M. de Saint-Exupéry, elles sont une oraison funèbre, elles en ont l'étendue et l'accent. En les plaçant ici, nous imitons la femme de l'Évangile qui versa des parfums sur Jésus-Christ vivant, et de laquelle le Sauveur disait : « *Ad sepeliendum me fecit.* » Après les premières lignes consacrées à la douleur, voici ce que nous dit la Visitation :

« En 1858, M. l'abbé N..., n'ayant pu nous continuer ses soins comme Père Spirituel, Monseigneur George ne crut pas pouvoir faire un meilleur choix qu'en nous donnant pour le remplacer M. l'abbé de Saint-Exupéry. Dès ce moment se renouèrent ces relations fréquentes et intimes qui nous firent si souvent bénir le don de Dieu en cet incomparable Père, et nous devînmes l'objet de la plus tendre et de la plus paternelle sollicitude. Ce fut un jour de fête de la Sainte-Vierge, le 25 mars, qu'il entra dans ses nouvelles fonctions. Nous faisions alors élever la petite chapelle du Sacré-Cœur qui est dans le sanctuaire de notre église ; il en fit la pieuse remarque et se montra heureux de voir vénérer dans notre communauté le cœur adorable de Jésus. « Combien je suis heureux, dit-il, » d'inaugurer mon nouveau ministère ici par » l'érection de cette chapelle ! »

» Mais comment serait-il possible de redire tous les actes de dévouement, de délicatesse, de charité qui ont marqué les vingt et une années de sa mission parmi nous ! Il était là au moindre signe, au moindre désir de la plus humble de ses filles, et savait se multiplier pour se donner tout à tous.

» D'un abord facile, il portait partout avec lui la dilatation et la joie. Ferme cependant en tout ce qui touche à la règle, il savait bien avec sa bonté ordinaire en maintenir l'intégrité. L'amour de la sainte Eglise Romaine, une exactitude scrupuleuse à la moindre rubrique le rendaient souvent l'objet de notre admiration.

» Mais le trait saillant, incomparable du caractère de M. l'abbé de Saint-Exupéry, fut la charité sous toutes ses formes. Jamais nous ne l'entendîmes se plaindre de personne ; et cependant, nous le savons, il a trouvé des censeurs, des ingrats, des importuns. En présence de certains procédés peu polis, peu délicats, il n'avait qu'un sourire, une parole de gaieté qui dissipait tous les nuages, adoucissait les humeurs les plus amères. Il semblait ignorer tout sentiment d'aigreur ou de rancune; aussi pouvait-il dire en vérité : « Je ne sais comment » j'ai le cœur fait, mais je ne puis en vouloir à » personne. » Il paraissait ignorer aussi, non-seulement les défauts du prochain, mais même les chutes les plus connues et les scandales que personne ne taisait.

» Il excellait dans l'art de consoler, de soutenir, de guider les âmes les plus affligées, les plus faibles et souvent les plus déshéritées des dons de la nature.

» Mais rien n'égalait les délicatesses de sa libéralité. Il savait donner avec cet à-propos, ce tact qui double le bienfait et peut laisser croire à celui qui reçoit qu'on lui en est obligé. C'est par un de ces actes touchants qu'il se révéla à nous au début de son ministère.

» La première fois qu'il célébra la sainte messe dans notre chapelle, en qualité d'aumônier, il fut frappé de la trop grande médiocrité de notre unique ciboire; il en écrivit en ces termes à Madame de Blérancourt, son aïeule maternelle : « Je suis aumônier de la Visitation; » j'y ai dit la messe et j'y ai trouvé un ciboire » qui ne me paraît guère convenable; qu'en » dites-vous ? Mais je n'ai pas d'argent pour en » acheter un autre; qu'en pensez-vous ? »

» Madame de Blérancourt pensa comme son digne petit-fils, et, peu de temps après, un beau ciboire nous arrivait.

» Une de nos postulantes lui confiait l'état de gêne de sa famille, ce qui l'obligeait à retirer de pension sa plus jeune sœur : « Mon » enfant, lui dit ce vrai père, ne vous en préoc» cupez pas, j'arrangerai cela avec les bonnes » sœurs, » et il paya l'année de la pension de la jeune fille. Se chargeait-il de placer quelques petits fonds pour nous ou pour des personnes peu fortunées, il complétait, arrondissait la somme, pour qu'on pût avoir, disait-il, un chiffre net.

» Lui donnait-on un plan de construction ou de réparation, choses auxquelles il s'entendait particulièrement, il voulait d'abord en poser les fondements par une généreuse offrande ; puis il en traçait le plan de la manière la plus heureuse, et en surveillait l'exécution avec une activité, une intelligence, un dévouement incomparables. Il voulait tout voir, s'assurer de tout par lui-même, et avait toujours une parole de gaieté et de bienveillance à adresser aux ouvriers, qui le voyaient arriver avec bonheur ; aussi l'un d'eux, revenant, peu de jours après sa mort, travailler dans le monastère, nous témoigna dans les termes les plus touchants son estime et ses regrets pour ce digne père.

» Ainsi fit-il pour notre chapelle des Enfants de Marie qui fut vraiment son œuvre et ne laisse rien à désirer. Profitant d'un jour où le bon père entrait au couvent pour faire sa visite du premier de l'an en 1869, la maîtresse chargée du pensionnat et les Enfants de Marie lui exprimèrent le désir de faire agrandir et disposer convenablement leur chapelle de la Sainte-Vierge, dont l'exiguïté était vraiment frappante : « Je le veux bien, dit-il, si la bonne

» Mère le veut ; » et en même temps, s'adressant à elle : « Ma Mère, dit-il, il faut faire » arranger votre chapelle de la Sainte-Vierge ; » j'en serai le premier souscripteur, » et il donna une généreuse offrande ; l'affaire fut à l'instant décidée, et le 10 février suivant commencèrent les travaux.

» Ainsi avait-il fait pour notre chapelle du Sacré-Cœur, en arrivant parmi nous en 1858, en qualité de supérieur ; ainsi fit-il dans toutes les occasions, et récemment surtout pour les grandes réparations que nous avons entreprises par ses conseils et sous sa direction. Ses dernières volontés nous disent, par un legs auquel nous n'avions aucun droit, que son cœur de père avait tout compris, et qu'il voulait s'associer à tout ce qui nous touche !

» Nous ne nous doutions guère, lorsqu'il entra le 9 décembre dernier pour bénir nos nouvelles constructions, qu'il ne reviendrait plus au milieu de nous, et qu'un mois plus tard, le 9 janvier, sa belle âme aurait pris son essor vers le ciel !... Il était si heureux de voir son œuvre heureusement achevée ! si heureux de la joie qu'il apportait à tous les cœurs ! si heureux, enfin, de venir une fois encore parler à nos Enfants de Marie, nos anciennes élèves, dont il présida la réunion, car on célébrait ce jour-là la belle fête de l'Immaculée Conception. Comme toujours, quand il parlait de la Sainte-Vierge, son cœur passait sur ses lèvres ; mais ce jour-là ses paroles, secondant mieux que jamais ses sentiments intimes, chacune de nos Enfants de Marie disait en se retirant : « Jamais M. l'abbé » de Saint-Exupéry ne nous a donné une si » bonne instruction !... »

« Chose vraiment remarquable ! il avait inauguré son ministère dans notre communauté un jour de fête de la Sainte-Vierge, le dernier acte important qu'il y accomplit, comme supérieur, fut aussi un jour de fête de la Sainte-Vierge !... »

Le Carmel veut rivaliser de reconnaissance avec la Visitation. Il a reçu les mêmes bienfaits, il a été témoin des mêmes vertus ; il va les redire à sa manière. Nous ne croyons pas que ces redites soient sans intérêt, et sans lumière.

« Mon révérend Père, vous nous demandez si nous n'aurions pas quelques souvenirs à vous communiquer sur notre vénéré Père, quelques fleurs à répandre sur sa tombe encore fraîche.

» Son cercueil, m'a-t-on dit, mon révérend Père, était orné de roses, de violettes et de lis : telles sont bien, en effet, les fleurs symboliques dont nos cœurs voient entourée sa précieuse mémoire.

» Sa charité pour nous fut inépuisable... Vous demandez des traits, des actes de vertu. Eh ! mon Dieu, il faudrait savoir le peindre avec sa bonté, sa simplicité, son dévouement, et dire : il fut toujours le même ! Tel nous l'avons vu, il y a vingt et un ans, tel il se montra à ses derniers jours. Ce n'était pas tant le bienfaiteur qui passe, en jetant avec éclat un bienfait, que le père avec ce quelque chose qui lui est propre et inspire la confiance, l'abandon absolu.

» Oh ! comme il fut père pour nous, celui que nous pleurons ! père dans toute l'acception du mot, dans toute la force du terme ! Nous l'avions là, ce semble, pour toujours, et il a fallu la séparation pour nous faire sentir tout ce qu'il nous était. Combien de fois depuis sa mort, mon révérend Père, je me suis surprise me tournant instinctivement vers lui au moindre besoin d'un avis, d'un conseil, d'un appui!... Mais je dois faire taire mon cœur, il faut être courte et précise. J'essaierai donc, et vous excuserez si je ne sais pas mieux faire.

» Nos intérêts matériels furent constamment l'objet de la paternelle sollicitude de notre vénéré supérieur. C'est lui qui, de concert avec M. l'abbé N..., alors économe du petit séminaire, s'occupa de la construction de notre monastère. Aussi comme il l'aimait *son* cher petit Carmel! Habituellement, lorsqu'il avait occasion d'entrer dans la clôture, comme visiteur, nous le voyions jeter un regard de complaisance sur le cloître, puis se retourner vers nous d'un air satisfait qui semblait dire : nous avons bien réussi! Il nous fit don du maître-autel de notre chapelle, très beau, en marbre blanc, et confia à l'habile pinceau de Madame la comtesse Octave de Saint-Exupéry le tableau du Sacré-Cœur notre titulaire...

» Très expérimenté en ces sortes de choses,

notre vénéré Père fut, depuis notre installation en ce monastère, notre seul architecte et fit tous les petits plans dont nous avons eu besoin pour constructions ou réparations. Mais notre fondation avait été faite sur les revenus de la Providence ; et, moins confiant peut-être que ses filles, le bon Père se préoccupait sans cesse de leurs intérêts. A chacun de ses voyages revenait la question : « Où en êtes-vous de vos affai-
» res ? Ne faites pas de dettes au moins ! » — Et lorsqu'il nous arrivait de répondre « hélas ! » il faisait semblant de se fâcher, l'excellent père, puis combien souvent, se mettant à l'œuvre, il procura par lui-même ou par les siens les secours nécessaires.

» Les charités dont nous a comblées sa pieuse famille la placent au nombre de nos plus généreux bienfaiteurs. Madame la marquise de Saint-Exupéry nous léguait en mourant une somme de mille francs ; Monsieur le marquis Joseph de Saint-Exupéry nous a donné plus encore : c'est à lui que nous devons les stalles de notre chœur. Mademoiselle Ernestine, de si douce mémoire, nous faisait d'incessantes libéralités. Nous ne pouvons nommer les autres; leur modestie ne nous le pardonnerait pas.

» Mais si notre dévoué Père s'intéressait à notre temporel, combien plus aima-t-il nos âmes ! Ses avis généraux et particuliers nous poussaient avec force et douceur vers la perfection religieuse. Digne héritier du zèle de l'un des derniers visiteurs du Carmel de France, M. l'abbé de Floirac, dont il était petit-neveu, il ne voyait que la règle et le maintien des usages établis. — Comme il savait, tout en rassurant les âmes trop craintives, recommander l'union à Dieu dans la prière ! Vis-à-vis du prochain, il ne voulait que de la bonté, toujours de la bonté... Mais sa grande recommandation, celle qui revenait le plus souvent, c'était la générosité, la fidélité en tout.

» Prendre par la bonté et le cœur les caractères moins faciles, telle était sa devise, et il affirmait que par là il obtenait tout ce qu'il voulait. Nous l'avons vu se montrer sévère, mais très exceptionnellement, et encore sans se départir de sa bonté paternelle. Dans sa conduite ordinaire dominait la plus compatissante miséricorde.

» D'une indicible condescendance pour les âmes faibles, il était sobre de louanges pour la vertu, et savait tenir les âmes dans l'humilité avec une simplicité qui ôtait toute prise aux recherches de l'amour-propre, trop souvent alimenté par des blâmes apparents.

» Je n'ai pas tout dit, mon révérend Père ; mais je ne peux pas, je ne sais pas rendre ce que je sens si bien. Après chacune de ses visites nous aimions à répéter : c'est un saint. Nous le redirons à celles qui viendront après nous ; mais je reviens à lui.

» Son humilité. Ah ! que nous l'avons vue et admirée souvent !... Ferme et assuré dans le conseil, quand sa conscience lui dictait la réponse, comme il s'arrêtait pour peu qu'elle hésitât ! Vous le savez, mon révérend Père, vous, son recours habituel. « Ecrivez-moi, mon » enfant, écrivez-moi tout cela, m'a-t-il dit » souvent, exposez bien tout, je consulterai. »

» Je trouve dans une de ses lettres (il était alors en voyage) : « Je ne peux pas prendre de

» si loin et sans conseil une décision si grave.
» Écrivez-en à Monseigneur, mais dites-lui
» tout, le pour et le contre : il a grâce d'état. »

» Et dans une autre : « ... Mais ne voulant
» pas me décider sans conseil, j'ai exposé toute
» l'affaire à... »

» Il n'aurait pas même pris une décision vis-à-vis des Sœurs sans l'avis de la prieure, pour peu qu'il craignît qu'elle n'en eût de la peine. « Je voulais répondre, je ne l'ai pas fait avant
» de vous l'avoir dit. Qu'en pensez-vous ? » Et encore : « Cela, je l'ordonnerai par obéissance.
» Que pensez-vous de ce projet ? »

» Ce n'est pas à nous, mon révérend Père, qu'il revient de signaler l'humilité de notre vénéré Père vis-à-vis de son évêque. Plus souvent vous avez pu le remarquer. Pour moi, je regarde comme une grâce d'avoir vu de mes yeux ce Père vénéré s'effaçant devant une autorité supérieure, au point de nous confondre nous, âmes religieuses, souvent loin d'un si beau modèle.

» Est-ce encore de l'humilité que ce mépris des vanités humaines qui rendait notre Père indifférent aux livrées, je dirai presque de la pauvreté ? Avec quelle édification nous avons remarqué plus d'une fois son camail tout râpé et son manteau qui en demandait un autre... Mais c'était peut-être aussi l'effet de sa charité. J'ai ouï dire qu'il donnait tout, et cela bien secrètement.

» Enfin, sur sa dépouille mortelle, il y avait des lis et une branche reposait sur son cœur. O mon révérend Père ! que nous avons pu, nous encore, admirer dans le vénéré défunt combien son cœur était à Dieu ! Il ne m'a jamais paru possible qu'avec lui l'âme pût éprouver même l'ombre d'une fatigue ou d'une crainte d'attachement. J'ai dit qu'il était père ; oui, et on l'aimait comme tel, mais avec les réserves que commande le respect filial. Pas de démonstration, rien pour la nature, mais tout en Dieu et selon Dieu.

» Et maintenant je voudrais dire quelque chose de nos dernières impressions. J'avançais en commençant qu'il se montra toujours le même. Ce serait à rectifier ; car j'ose affirmer que j'ai pu constater dans cette belle âme des accroissements de grâce et de sainteté. Je ne puis citer par discrétion...

» Il nous semblait aussi plus paternel encore, plus accueillant, plus expansif. Naguère, il nous ménageait, je l'ai fait entrevoir, les témoignages de sa satisfaction. Et le 26 décembre dernier, il m'écrivait ces gracieuses lignes : « Votre petit enfant Jésus est né hier, jour de » Noël, dans mon salon, non pas à minuit, » mais à midi. Il fait l'admiration de toutes les » personnes qui le voient et je vous en remercie » de cœur. » Quelques jours plus tard, une excellente lettre nous apportait pour le nouvel an ses souhaits de ferveur et de générosité au service du bon Dieu. Enfin, l'avant-veille de sa mort, nous recevions un dernier témoignage de sa sollicitude par l'envoi de provisions qu'il avait voulu, en quelque sorte, partager avec nous.

» Mais, mon révérend Père, que direz-vous des pressentiments que nous avons eus à son dernier voyage? Sa dernière entrée dans notre clôture eut lieu pour la bénédiction de la croix de notre cimetière. A la fin de la cérémonie, nous lui offrions, comme souvenir, un emblème de deuil avec une devise que je crois être celle-ci, ou du moins une ayant tout-à-fait le même sens : *Beati mortui qui in Domino moriuntur*. Le jour même, une de nos sœurs, qui depuis des années vit en paix sur les assurances que notre Père lui a données de la volonté de Dieu à son endroit, se sentit soudainement prise d'une inquiétude. Elle demande Monsieur le supérieur et lui dit simplement : « Mon » Père, tant que vous vivez, ça va bien; mais » si vous veniez à mourir ?... » Et notre Père de lui répondre : « Eh bien, mon enfant, si je » viens à mourir, vous ferez ainsi... » Je ne puis citer davantage.

» Enfin, je termine. Notre bon Père était expéditif, nous l'avions baptisé *saint Vite*. D'ordinaire, il fallait avec lui s'exécuter promptement. C'était le 22 novembre, presque au moment de nous quitter ; après m'avoir donné tout le temps voulu : « Est-ce tout, » me dit-il ? — « Oui, mon Père. » Il se leva et me bénit. Puis il s'arrêta un moment, mais un bon moment ; et là, debout, en silence, il attendait encore, puis il me dit : « Adieu, mon enfant. »

» Et pendant qu'il s'éloignait une pensée triste me saisit. Ne serait-ce pas un dernier adieu ? Peut-être ne le reverrai-je pas !

» Quand vint le moment du départ, il ne pouvait, ce semble, se décider à quitter son cher Carmel qu'il aimait tant. Notre sœur tourière le remarqua avec surprise. « Adieu, adieu, » mon enfant, » lui répéta-t-il plusieurs fois, la regardant et s'arrêtant comme si son cœur le clouait à sa place. Elle en fut si étonnée, qu'elle se reprochait de ne lui avoir pas demandé une seconde bénédiction, tant il semblait, disait-elle, attendre quelque chose.

» Hélas ! les pressentiments qu'il paraissait éprouver, et ceux qu'il nous inspirait, ne se sont que trop réalisés... Est-ce contre la soumission de dire *trop*, puisque Dieu l'a voulu !... »

On voit quels regrets profonds et quels pieux souvenirs a laissés l'abbé de Saint-Exupéry partout où on a pu le voir de plus près. Si nous interrogeons le petit séminaire de Bergerac, qui a eu souvent le même privilége, il nous dira les mêmes choses dans ce seul mot : « Nous avons toujours trouvé en lui un père » plutôt qu'un supérieur. »

Au reste, on se tromperait si l'on croyait que M. de Saint-Exupéry arrêtait là ses affections et ne les étendait pas à toutes les communautés. Il embrassait dans son amour pour l'Eglise tout ce que l'Eglise aime. Si les maisons que nous avons nommées avaient, à raison de sa charge, une part plus suivie dans sa sollicitude, toutes, à l'occasion, pouvaient compter sur son dévouement. Le Sauveur de Bergerac, le Sauveur de Terrasson, Sainte-Marthe de Périgueux surtout, et plusieurs autres en ont fait l'expérience. Il estimait aussi, il appelait volontiers dans les communautés qui lui étaient confiées ou qui s'en remettaient à lui, les religieux de divers Ordres. Tous participaient également à ce fond commun d'amour qu'il avait pour tout ce qui est catholique ; mais des liens particuliers, on l'a vu, l'attachaient plus intimement aux Pères de la compagnie de Jésus.

Aussi, quel ne fut pas son bonheur, lorsque

Monseigneur George les appela dans son petit séminaire de Sarlat ! La chose offrit d'abord de sérieuses difficultés. Tant qu'elles durèrent, l'abbé de Saint-Exupéry ne cessa de donner cœur au prélat, et une lettre, dit-on, qu'il écrivit à la dernière heure au Très Révérend Père Général de la Compagnie contribua fort au succès de l'affaire.

Le 5 novembre 1850, la maison de Sarlat s'ouvrait. Le lendemain, Monseigneur célébra la messe du Saint-Esprit en présence de quarante-neuf pensionnaires et de douze externes. Quelque humbles que fussent ces débuts, l'âme du bon évêque débordait de joie ; dans ce germe naissant, il saluait déjà l'arbre futur.

L'allocution qu'il prononça redevient, grâce aux circonstances que nous traversons, d'une actualité frappante. Au milieu des justes alarmes qu'inspirent aux consciences catholiques des projets impies, on sera heureux d'entendre, à trente ans de distance, l'accord de cette parole éloquente avec la protestation énergique, unanime, de l'épiscopat de nos jours. On saura avec quel amour l'Eglise accueillait le retour de cette liberté qu'on veut lui ravir aujourd'hui, et ce qu'elle pensait de l'éducation congréganiste, dont nos gouvernants ne veulent plus. L'abbé de Saint-Exupéry était là présent, il jouissait; sur les lèvres de son évêque, il retrouvait l'expression de leurs communes affections, le thème fréquent de leurs entretiens. Ce n'est donc pas l'oublier, que de reproduire ce discours ; c'est plutôt entrer dans ses pensées et deviner son désir.

« Chers enfants, pères et mères, s'il y a dans la vie d'un évêque des moments de tristesse, d'amertume et d'angoisse, il y a aussi des jours de consolation et de bonheur, et nous n'hésitons pas à proclamer, comme l'un des plus beaux de notre épiscopat, celui où, après tant de vœux et de démarches, il nous est enfin permis de confier l'une de nos deux écoles secondaires ecclésiastiques aux révérends et bien-aimés Pères de la Compagnie de Jésus.

» Nous pourrions, après quelques paroles de joie et d'espérance, nous borner au *Veni Creator* d'invocation, au *Te Deum* d'action de grâces ; mais nous avons promis de parler, et nous sentons nous-même le besoin de le faire en toute franchise.

» Si quelqu'un ici nous demande pourquoi nous avons appelé les Jésuites, nous lui dirons : Nous les avons appelés au nom de la religion et de la liberté, au nom de la société et de la famille, au nom de la reconnaissance.

» Nous avons appelé les Jésuites au nom de la liberté, qui désormais ne sera plus un vain mot. Non, il ne sera pas dit que la France proscrive des Français, parce que, voulant pratiquer les conseils évangéliques par amour pour leurs frères et la patrie, ils enchaînent leur cœur à des vœux éternels et se nomment Bénédictins ou Jésuites... Ainsi, la porte des établissements d'éducation ne sera plus impitoyablement fermée aux disciples d'Ignace, ces maîtres de la jeunesse, si justement renommés pour leur science et leur dévouement.

» Nous avons appelé les Jésuites en toute hâte, parce que, au moment de l'incendie, toute tergiversation est une lâcheté, tout retard est un crime... Que les hommes graves, qui ont vu et qui voient encore un abîme béant vers lequel la société se précipite, nous disent, la main sur la conscience, s'il n'était pas temps enfin que la génération qui vient eût pour guides des hommes, religieux jusqu'au sacrifice d'eux-mêmes, obéissants jusqu'à l'abnégation totale de leur volonté, et qu'elle trouvât dans leur exemple et dans leurs leçons un remède au scandale d'une société vieillie qui se meurt d'égoïsme et d'insubordination...

Nous avons appelé les Jésuites, parce que nous avons entendu les gémissements des familles. — « Il n'a que quinze ans, nous disait, » il y a peu de temps, une pauvre mère toute » en larmes, en nous montrant son fils ; il n'a » que quinze ans ; son cœur est déjà flétri, » il n'aime plus sa mère ! » — Je voudrais éviter ce malheur à toutes les mères, s'il m'était possible...

» Nous avons appelé les Jésuites au nom de la reconnaissance...

» Il y a trente-deux ans, un petit enfant de votre âge fut conduit par sa pieuse mère aux Révérends Pères de la Compagnie de Jésus : « Gardez, leur dit-elle, ce que j'ai de plus cher

» au monde ; je le remets en toute confiance » entre vos mains. » Huit jours ne s'étaient pas encore écoulés, et ce petit enfant, qui avait su apprécier toute la bonté de ses instituteurs, traçait ces lignes : « Ne pleurez pas, bonne » mère ; quoique je vous regrette beaucoup, je » suis heureux : nos Pères sont si bons ! »

» L'enfant ne disait pas *nos maîtres*, l'avez-vous remarqué, parents ? mais, *nos pères*, parole aimable et tendre qui permettra toujours aux jeunes cœurs de se dilater dans l'amour, de s'épanouir comme la fleur délicate sous la rosée du matin...

» Il y a vingt et un ans, l'enfant qui, après avoir quitté ses Pères bien-aimés, avait grandi à l'ombre du sanctuaire, fut consacré prêtre du Seigneur. Hélas ! il y a dix ans, il fut forcé de se prosterner dans un autre sanctuaire ; l'huile sainte coula sur sa tête, et il se releva pontife.

» L'histoire de ce petit enfant est l'histoire de votre évêque. Aimables et pieux souvenirs de Sainte-Anne-d'Auray et de Saint-Sulpice, vous serez ici-bas pour mon cœur le plus délicieux des parfums ! Votre nom dans ma reconnaissance s'unira toujours à celui de ma bonne et pieuse mère !...

» Mais je dois, chers enfants, pères et mères, terminer mon histoire en vous révélant un secret de mon cœur. En vérité, nous ne savons si on pourra ajouter foi à ce que nous appellerons un miracle, tant il a fallu, pour l'opérer, de prudence, de dévouement et de vigilance de la part des Pères qui présidaient à toutes nos actions. Nous n'en avons pas été nous seul l'objet ; plusieurs de nos condisciples de Sainte-Anne-d'Auray l'ont éprouvé comme nous. Oh ! pourquoi la France toute entière ne peut-elle nous entendre ! Pourquoi notre voix ne peut-elle parvenir au cœur de tous les pères et de toutes les mères !

» Eh bien ! nous affirmons, une main sur notre cœur d'évêque, l'autre sur l'autel où réside le Dieu de vérité, nous affirmons que, pendant les six années de collége, passées chez les Pères de la Compagnie de Jésus, au milieu de plus de trois cents condisciples, nous affirmons que jamais nous n'avons rien vu, rien entendu, que nous n'eussions voulu redire et montrer à notre mère, dont le cœur cependant était si pur !

» Et voilà la cause de notre reconnaissance ; voilà aussi notre espoir, voilà notre vœu pour ce cher établissement qui naît aujourd'hui. »

L'affection, la confiance pour les Pères, qui respirent dans ces paroles de l'illustre prélat, ne se sont pas démenties un seul jour. On sait avec quel plaisir il venait se délasser au milieu d'eux, quelle franche cordialité il leur apportait. Une de ses joies les plus douces était d'entendre, d'encourager par sa présence les essais littéraires de leurs jeunes élèves. Souvent, il prenait la parole dans leurs fêtes religieuses, dans leurs séances publiques ; et toujours, quelle parole saisissante, loyale, pleine d'admirables à-propos et de charmantes convenances !

L'abbé de Saint-Exupéry était de toutes ces visites, de toutes ces fêtes. On pouvait se demander qui des deux était le plus heureux, de Monseigneur ou de lui. Il nous semble le voir encore, aux heures surtout de récréation, avec son visage tout rayonnant, avec son regard qui semblait attaché à toutes les paroles aimables que Monseigneur disait aux Pères, avec son rire franc comme son âme. Il jetait dans la conversation ses bons récits du collége, ses souvenirs tout vivants des anciens maîtres. Si quelqu'un de ceux-ci l'eût vu en ces moments, il aurait bien vite reconnu son cher Maxime d'autrefois.

Après la mort de Monseigneur George, ses successeurs aimèrent son œuvre, qui prospéra sous leur protection. Monseigneur Dabert ne borna pas là sa bienveillance pour la Compagnie. Son illustre prédécesseur lui avait confié l'éducation chrétienne de la plus brillante partie de la jeunesse laïque du diocèse, Monseigneur Dabert lui confia ce qu'un cœur d'évêque a de plus cher, la formation sacerdotale des jeunes élèves de son grand séminaire. Les Pères y vinrent en l'année 1864.

Si nous pouvions ici faire l'histoire des années qui suivent, nous aurions beaucoup à dire, car le don fut sans repentance. Que de bonnes visites à raconter ! Que d'attentions délicates à relever ! Quel encouragement donné aux fortes études ! Que de fêtes théologiques ou philosophiques embellies, animées par la présence et par la parole du prélat ! Que d'éloges publics bien au-dessus de nos mérites ! Que de communications intimes partant d'un cœur de père et d'ami ! Mais la reconnaissance à l'égard des vivants doit être discrète et garder son mot pour d'autres temps, en priant Dieu de les éloigner le plus possible. Elle est plus libre, hélas ! à l'égard des morts.

L'abbé de Saint-Exupéry, est-il besoin de le dire ? avait applaudi de tout son cœur à la détermination de Monseigneur. On sait le reste : il devint un assidu du grand séminaire. Il porta là son âme, ses doutes, ses tristesses et ses joies. Il savait que le bonheur de ses visites était égal des deux côtés. Il apparaissait au milieu de nous avec toute sa bonne nature, joyeuse, expansive, délicate. Il ne calculait pas ; il ne surveillait plus le laisser-aller de ses confidences, et laissait tomber tous les secrets qui lui appartenaient. Mais il voyait qu'il surprenait les nôtres, qu'il était reçu comme un membre de la famille.

Qu'il a souffert dans ces derniers temps des épreuves qui frappaient la Compagnie ! Comme l'horizon lui paraissait triste pour nous et pour lui ! « Je n'en dors pas, disait-il à celui qui écrit ces lignes, je ne pense qu'à cela le jour et la nuit, je ne puis pas trouver d'autres pensées quand je veux prier Dieu. » Il avait fait ses préparatifs pour le cas d'une expulsion. Il distribuait entre lui et ses frères nos épaves dispersées, et songeait, le dirons-nous ? à des dispositions généreuses qui pussent aider nos exilés et montrer à la Compagnie qu'il l'avait aimée jusqu'à la fin.

Oui, jusqu'à la fin ! Et quelle ne fut pas notre émotion lorsque, après sa mort, ayant ouvert ses écrits, notre main en rencontra un, de date toute récente, qui se terminait par ces paroles : « J'ai pour les Pères Jésuites une véritable affection et une profonde reconnaissance. Je leur dois en grande partie et mon éducation chrétienne, et ma vocation ecclésiastique ; ils m'ont donné en plus d'une circonstance, à moi et à d'autres membres de ma famille, des marques d'intérêt et de dévouement que je ne saurais oublier, et qui ont créé en moi des devoirs de conscience et de cœur que je saurai remplir dans toute leur étendue. »

XIV

Nous vîmes le cher abbé deux jours avant sa mort. Le résultat des élections, qu'il avait pourtant prévu, l'avait atterré. Il était plus préoccupé que jamais des dangers imminents que ce succès de la révolution créait pour l'Eglise et pour ses institutions. Il en parlait avec une émotion visible.

Mais Dieu, qui nous réserve peut-être de terribles malheurs pour nous faire expier nos crimes, voulait lui en épargner le spectacle sur la terre ; c'est la pensée unanime de ceux qui ont connu toute la sensibilité de son cœur. Il nous semble qu'il y a eu une seconde miséricorde de Dieu à son égard dans le coup subit qui l'a enlevé : il était bon pour son âme, toujours prête, mais facilement alarmée, qu'il fût frappé par la mort sans la voir.

Elle arriva le 9 janvier. Rien ou presque rien ne l'avait fait pressentir. Il est vrai qu'il avait éprouvé déjà la veille au matin une douleur rhumatismale qui semblait se déplacer par moments et vouloir aller des épaules au cœur. Il en fit l'observation. Mais cette souffrance ne l'empêcha pas de vaquer à ses occupations. Il fit dans la journée trois visites : une à son évêque qui le mandait, une autre à une malade, à l'extrémité de la ville ; il fit vers la fin du jour sa visite accoutumée au Très-Saint-Sacrement.

Après son repas du soir, il se sentit pris d'une légère fatigue d'estomac et d'envies de vomir ; il se coucha. M. René de Saint-Exupéry, son frère, plus par amour fraternel que par crainte réelle, manda le médecin qui ne vit là rien d'alarmant, et qui, après avoir ordonné des potions calmantes, se retira en annonçant pour le lendemain sa visite matinale. Le malaise continua au même degré toute la nuit.

Vers dix heures, il demanda à la domestique son chapelet qu'il avait coutume de réciter après son souper, et qu'il n'avait pas pu dire encore ce soir-là. La domestique lui ayant fait observer que cette récitation le fatiguerait : « Non, dit-il, j'ai promis à la Sainte-Vierge de le réciter tous les jours ; il ne faut pas que j'y manque aujourd'hui. » A un autre moment, l'appelant par son nom : « Cette maladie pourrait bien me conduire au ciel, qu'en pensez-vous ? » Et comme elle cherchait à détourner son esprit de ces pensées : « Tenez, ajouta-t-il, je crois que c'est le commencement d'une sésérieuse maladie. »

Etait-ce un de ces pressentiments que Dieu donne souvent aux siens, quand il veut les rappeler subitement, afin qu'y répondant dans leur âme par une véritable acceptation et par les autres actes de vertus chrétiennes, ils aient le bénéfice d'une sainte mort sans en connaître les alarmes ? Il ajouta : « Que la sainte volonté de Dieu s'accomplisse ! »

Le matin, vers 4 heures et demie, le médecin revint. En le voyant entrer, le malade lui dit : « Vraiment, docteur, il ne valait pas la peine de vous déranger pour un si petit mal ! » Il achevait à peine que, se sentant pris tout-à-coup de défaillance, il dit : « Vite, je me trouve mal. » Quelques secondes après, il s'éteignait dans les bras du médecin.

La nouvelle de cette mort retentit comme un coup de foudre au grand séminaire, où elle fut portée d'abord ; dans toute la ville et dans le diocèse, où des télégrammes la firent connaître immédiatement. Dans la ville on s'interrogeait avec stupéfaction. Toutes les opinions disparaissaient devant cette mort ; des hommes à qui les pensées et le langage chrétiens ne sont guère familiers disaient : « On perd un bien saint prêtre ! »

Monseigneur était alors en tournée pastorale. Il part à la première annonce du triste événement. Il se dirige en arrivant vers la maison mortuaire.

Il fut vivement ému en ne retrouvant que la dépouille mortelle du prêtre qui l'avait si fidèlement servi, et dont l'humble dévouement semblait lui être assuré pour bien des années encore.

Arrivé au palais épiscopal, il écrivait à son clergé la lettre suivante, qui est à la fois l'annonce de la mort et l'oraison funèbre, éloquente dans sa simplicité, du vénéré défunt :

« Messieurs et chers coopérateurs,

» Un deuil profond vient d'atteindre inopinément le diocèse : M. l'abbé de Saint-Exupéry, notre premier vicaire général, n'est plus !

» Mercredi dernier, 8 du courant, à notre départ pour une tournée pastorale, nous le laissions plein de santé, et hier, à quatre heures du matin, il rendait son âme à Dieu.

» La perte de cet excellent grand vicaire produit autour de nous un vide immense ; il serait difficile à un évêque de trouver plus d'aptitudes pour le seconder dans son administration.

» M. l'abbé de Saint-Exupéry avait été préparé de longue main par la Providence aux importantes fonctions qu'il devait être appelé à remplir. Les plus anciens d'entre vous savent qu'il avait eu l'heureuse fortune de faire avec succès ses études littéraires sous la savante et paternelle discipline des Pères de la Compagnie de Jésus, et ses études théologiques au séminaire de Saint-Sulpice. Rentré dans le diocèse après trois ans passés dans cette grande école de science et de piété, Monseigneur George, de vénérée mémoire, ne tarda pas à l'appeler dans son intimité. Rien d'étonnant que, sous la conduite d'un tel évêque, les talents du jeune secrétaire aient acquis leur complet développement. Vicaire général depuis cinq années lorsque nous arrivions parmi vous, nous n'avions qu'à profiter de ses lumières et de son expérience; et combien n'avons-nous pas eu à nous féliciter de son concours!

» Dévouement absolu aux intérêts diocésains, fidélité respectueuse aux décisions arrêtées de concert, expérience consommée dans la pratique des affaires, aptitude merveilleuse à tout genre de travail, activité empressée dans l'accomplissement de la tâche quotidienne, enfin, affabilité simple et cordiale dans le commerce habituel de la vie (1), voilà les rares

(1) « Vir amabilis ad societatem. » (Prov. XVIII, 24.)

avantages que nous avons constamment reconnus, admirés, dans la collaboration de notre regretté défunt.

» Nul d'entre vous, Messieurs, n'ignore son tendre et inviolable attachement au Saint-Siége. Spécialement chargé, comme official, de la correspondance avec les congrégations romaines, rien n'égalait la délicatesse de sa conscience à suivre leurs directions ; au moindre doute qui s'élevât dans son esprit, il se hâtait d'en solliciter à Rome la solution.

» Que ne pourrait-on pas dire de son zèle pour la sanctification du prochain ? Il était dévoué jusqu'au sacrifice aux communautés religieuses dont il eut pendant longtemps la direction. Et cet apostolat ne suffisait pas à son amour pour les âmes : il l'exerçait également en faveur d'un grand nombre vivant dans le monde. Très pieux lui-même, il savait inspirer aux autres, sans effort et comme naturellement, l'attrait de la piété.

» Vous vous associerez tous, nos bien-aimés coopérateurs, à notre vive affliction, et vous unirez vos prières aux nôtres pour obtenir du Seigneur, en faveur de notre cher et vénérable défunt, s'il n'en jouit pas déjà, la récompense promise aux « bons et fidèles serviteurs. »

Telle est la lettre épiscopale, résumé complet et touchant d'une belle vie.

Les fidèles faisaient aussi à leur manière l'éloge du saint prêtre. Pendant deux jours qu'il resta exposé, les visites et les prières se succédèrent autour de son corps. Il était sur son lit de parade, revêtu de ses habits de chœur, gardant jusque dans les bras de la mort la virginale sérénité de son visage ; c'était le repos du juste.

Après l'office du soir, les chanoines vinrent processionnellement. A la douleur qui se peignait sur leurs visages, on voyait bien que l'abbé de Saint-Exupéry ne comptait parmi eux que des amis.

Les obsèques furent ce qu'elles devaient être pour un homme que tant de mérites recommandaient à l'amour de tous. Le chapitre, qui en avait pris la charge, n'avait pas cru devoir s'arrêter dans cette circonstance à la mesure d'honneurs, d'ailleurs si convenable, qu'il a fixée pour ses membres.

A l'heure des funérailles, la vaste nef de la cathédrale était remplie comme aux jours des grandes solennités. Le peuple en foule était accouru autour du cercueil de l'humble vicaire général qu'il s'était habitué, depuis quarante ans, à rencontrer dans les rues de la cité, à voir dans les cérémonies épiscopales, et qu'une sorte d'instinct chrétien lui avait appris à estimer et à vénérer. Plus près du sanctuaire, autour du catafalque, se pressaient nombreux les amis de la famille, presque toutes les illustrations civiles et militaires de la ville, les élèves du grand et du petit séminaire... Monseigneur fit lui-même l'absoute. Sa voix trahissait sa profonde douleur.

Le deuil était universel. De tous les points du diocèse et de plus loin encore, des lettres de condoléance arrivaient aux frères du cher défunt et au marquis son neveu, accourus au premier avis de cette mort soudaine. Rien de plus touchant que les sentiments exprimés dans ces lettres, et que l'éloge qu'elles font des qualités du vénéré et bien-aimé grand vicaire.

« Que de regrets laisse après lui cet admirable prêtre ! écrivait Monseigneur de Poitiers, dont il avait été le condisciple à Saint-Sulpice, et dont il était resté l'ami. J'en porterai le deuil dans mon cœur avec vous tous. »

«... Cher monsieur, écrivait un archiprêtre, mon devoir, quoique je sois presque un inconnu pour vous, est de vous témoigner, par ces quelques mots qui partent du cœur, combien je prends part à la perte douloureuse que vous venez de faire dans votre cœur de frère, et à la perte non moins grande que vient de faire le diocèse tout entier.

» Monsieur de Saint-Exupéry laissera de profondes traces de son passage aux affaires diocésaines. Mêlé depuis trente ans au gouvernement du diocèse de Périgueux, il a fait voir en lui un modèle de sagesse, de dévouement et d'intelligence. Les mauvais temps que nous traversons depuis longues années l'ont laissé à un plan inférieur à ses mérites et à ses vertus. Mais Dieu qui a permis qu'il fût arraché à de plus grandes sollicitudes et à des honneurs mérités depuis longtemps, a voulu devancer l'heure de son couronnement dans la gloire, qui seule reste et ne change pas... »

Tandis que cette lettre insiste plus particulièrement sur le mérite et les services de l'administrateur, la lettre suivante, écrite par un vénérable ecclésiastique, ancien précepteur de Maxime et de ses frères pendant leurs vacances de collége, fait ressortir les qualités de l'homme privé.

« Mon cher ami,... la mort de votre vénéré frère laisse un vide qu'il sera bien difficile de remplir ! Nous perdons énormément tous ; ceux qui l'ont connu intimement seuls peuvent dire et toute sa valeur intellectuelle et morale, et les richesses de son cœur, et la grandeur de son âme ! Que je l'aimais dans son admirable simplicité, dans son affection si douce, dans sa bonté si attrayante !... »

Un laïque, car toutes les voix devaient se rencontrer dans ce concert de louanges, un homme du monde, qui a siégé et brillé par son talent dans une de nos chambres parlementaires, écrivait : «... La mort de M. l'abbé de Saint-Exupéry n'est pas seulement un deuil pour tous ceux qui le connaissaient et l'appréciaient, c'est un vrai malheur pour notre province toute entière, et j'oserais presque dire pour la religion qu'il servait si parfaitement. C'était un homme de bien, et, chose rare dans tous les temps, il savait le faire d'une façon aimable. La grâce et la distinction de ses manières, l'aménité de son caractère, la sûreté de son commerce répondaient à l'élévation de son âme. Dans d'autres temps, on eût fait d'un tel homme un évêque ; il était de la lignée des Cheverus, des de Quélen, des d'Astros, et il eût rappelé partout ces évêques d'autrefois qui ont été la gloire et l'honneur de l'épiscopat français. Quant à lui, il ne s'en souciait guère, je crois, et content de faire le bien, tout le bien qui était à sa portée, il est arrivé au port les mains pleines... »

« Mon cher monsieur N., écrivait à un des frères du défunt un ancien supérieur du grand séminaire, un religieux qui avait connu bien intimement l'abbé de Saint-Exupéry, c'est vous surtout qui avez été atteint par ce coup imprévu dont il a plu au bon Dieu de nous frapper. Je veux vous dire combien je compatis à votre douleur, combien nous partageons vos regrets. Vous perdez, vous, plus que tout autre, je le sais ; mais le diocèse perd immensément dans les mauvais jours que nous traversons, et notre Compagnie perd son ami le plus constant, le plus dévoué. Ce n'est pas bon signe quand Dieu retire de tels hommes de ce monde, surtout dans de semblables circonstances. Quant à ce cher Maxime, je crois que Dieu l'a retiré de la terre pour lui épargner la douleur de voir des malheurs plus grands encore que ceux que nous voyons. Notre Révérend Père Provincial s'est empressé d'écrire à toutes les maisons de la province pour demander partout des prières particulières. Pensez si, moi, je puis oublier ce cher et vénéré défunt. Tant que je pourrai monter au saint autel, je le tiendrai comme un des nôtres... »

Ainsi que cette lettre l'indique, le Révérend Père Provincial, averti par télégramme, adressait aux recteurs de nos maisons, le jour même de la mort de notre cher abbé, une circulaire dont voici le texte :

« Toulouse, le 9 janvier 1879.

» Mon révérend père,

» Nous venons d'apprendre une bien affligeante nouvelle. L'un de nos anciens élèves et de nos amis les plus dévoués, Monsieur l'abbé de Saint-Exupéry, vicaire général de Périgueux, vient de mourir subitement la nuit dernière ! C'est une bien grande perte pour notre Compagnie. Aussi, mon Révérend Père, désirant donner à sa mémoire un témoignage de notre reconnaissance et de nos regrets, je vous prie de recommander son âme aux SS. Sacrifices et aux prières de tous les nôtres.

» Je suis, mon Révérend Père, en union de vos SS. Sacrifices,

» Reverentiæ Vestræ,

» Servus in Christo,

» N. »

Qu'ajouter à tout cet ensemble de manifestations sympathiques et élogieuses ? Que dire encore après l'oraison funèbre, éloquente et complète, qui en résulte ?...

Il reste un dernier mot ; il nous faut faire entendre ici, comme nous avons pu le faire d'autres fois, le propre témoignage de celui qui n'est plus ; lui-même s'est peint dans un suprême écrit.

Dans un des tiroirs de gauche de sa table de travail, au-dessus de tout le reste, et tout près, si nous nous le rappelons bien, de ses souvenirs de collége et de séminaire, nous trouvâmes une forme de lettre avec cette suscription : « *Ceci est mon testament.* » Nous ouvrîmes, et nous lûmes avec une émotion qu'on partagera :

« Au nom du Père et du Fils et du Saint-Esprit. Ainsi soit-il.

» Je soussigné, Marie-Jacques-Maxime de Saint-Exupéry, prêtre par la grâce de Dieu, proteste de mon attachement inviolable à la sainte Eglise catholique, apostolique et romaine, dans laquelle je suis né, j'ai vécu et je meurs, et de ma soumission au chef suprême et infaillible de cette Eglise et à mon évêque. Je renouvelle en mourant les vœux sacrés de mon baptême et de mon sacerdoce, ainsi que ma consécration à ma bonne mère, l'immaculée Vierge Marie, que j'ai toujours tendrement aimée, et que j'ai souvent travaillé à faire aimer.

» Je demande pardon à Dieu de tous les péchés de ma vie, et à ceux que j'ai connus ou que j'ai pu connaître, de toutes les peines que je leur ai causées, de toute la mauvaise édification que j'aurais pu leur donner. Je pardonne de mon côté, et de bon cœur, à tous ceux qui auraient pu me faire quelque peine.

» Je me recommande d'une manière spéciale aux prières de mes chères filles les Visitandines de Périgueux et les Carmélites de Bergerac, dont j'ai été longtemps le supérieur, ainsi qu'à celles de Sainte-Marthe-du-Périgord. J'ai beaucoup aimé ces trois communautés ; elles voudront bien se souvenir de moi dans leurs communions et prières.

» Je recommande à tous mes frères et sœurs, ainsi qu'à leurs enfants, de vivre toujours unis par les liens d'une tendre amitié fraternelle.

sans contentions ni disputes ; de relire et de se rappeler souvent les admirables conseils que nous a laissés notre père dans son testament si touchant ; de mettre toujours au premier rang de leurs devoirs et affaires la pratique exacte, fréquente et fervente des sacrements et de toute la religion chrétienne, et de travailler chacun dans le lieu et la position où la divine Providence les aura placés ou les placera, à y perpétuer ces exemples de foi, de vertu et de fidélité que nous avons reçus de nos pères, et qu'ils doivent regarder comme leur plus précieux et leur plus cher héritage. »

L'abbé de Saint-Exupéry place ici ses dernières dispositions : en première ligne les legs nombreux qu'il fait aux œuvres pieuses et aux institutions diocésaines, puis ceux qu'il fait aux divers membres de sa famille, et, enfin, les récompenses qu'il accorde à ses fidèles serviteurs.

Il recommande de mettre en des mains sûres qu'il désigne des livres *à l'index*, qu'il n'a gardé, dit-il, « que sur un bref spécial d'autorisation accordé par le Saint-Siège. »

Il termine par ces paroles :

» Je prie instamment mes frères de vouloir bien faire transporter mon corps à Bourniquel, dans notre tombeau de famille. Je désire y reposer auprès de mes père, mère, frère, sœur et autres parents qui y sont déjà, en attendant le jour où, j'en ai bien l'espérance, nous serons éternellement réunis au ciel.

» Signé de ma main, aux pieds de Jésus, Marie, Joseph, le...

» MAXIME DE SAINT-EXUPÉRY. »

Tel est le testament de M. Marie-Jacques-Maxime de Saint-Exupéry, expression abrégée et digne couronnement d'une vie qui s'écoula tout entière dans la fidélité à Dieu, à l'Eglise, à son diocèse, à sa famille, à ses devoirs. Nous n'y pourrions rien ajouter que pour l'affaiblir. Qu'il soit donc son dernier éloge devant Dieu et devant les hommes !

CASSARD FRÈRES, Imprimeurs de Mgr l'Évêque et du Clergé.

www.ingramcontent.com/pod-product-compliance
Ingram Content Group UK Ltd.
Pitfield, Milton Keynes, MK11 3LW, UK
UKHW020553180726
13838UKWH00001B/212

9 782329 392264